Amatus, Electus et Integer:

Iter Triginta Dierum a Reiectione ad Restaurationem

A

Zacharias Godseagle ;

Legatus Lunae O. Ogbe ;

Comfort Ladi Ogbe

-

Zacharias Godseagle;

Ambassador Monday O. Ogbe;

Comfort Ladi Ogbe

Pagina Iuris Auctoris

Amati, Electi et Integri: Iter Triginta Dierum a Reiectione ad Restaurationem
© 2025 *Zachariah Godseagle ; Legatus Monday O. Ogbe ; Comfort Ladi Ogbe*
Omnia iura reservantur.

Nulla pars huius publicationis reproduci, in systemate recuperationis conservari, vel ullo modo vel ullo modo — electronico, mechanico, photocopia, inscriptione, vel alio — transmitti potest sine priore permissione scripta editoris, exceptis brevibus citationibus in recensionibus vel operibus eruditis adhibitis.

Nisi aliter indicatum est, omnes citationes Scripturarum ex **Nova Versione Viva (NLT)** © 1996, 2004, 2015 a Tyndale House Foundation, et/vel ex **Biblia Amplificata (AMP)** © 2015 a The Lockman Foundation sumptae sunt. Usum cum permissione. Omnia iura reservantur.

Tegmen designatum a Grege Aquilae Dei
Impressum in Civitatibus Foederatis Americae
Editio Prima, 2025

Editum a
Zachariah Godseagle et
Ministeria Aquilae Dei – GEMs
https://www.otakada.org

Pro permissionibus, interrogationibus, vel licentiis coetuum, quaeso contactum fac cum:
ambassador@otakada.org

De Libro

Taedetne te sentire te non desideratum, neglectum, aut quasi numquam ad aequum te perventurum? "
Amatus, Electus, et Integer: Iter Triginta Dierum a Reiectione ad Restaurationem" plus quam meditatio est—est invitatio vitalis ad verum valorem tuum iterum inveniendum, identitatem tuam recuperandam, et ad plenitudinem eius quod Deus te creavit ascendendum.

Ex prospectu tam masculino quam feminino scriptus, et cum historiis Michaelis et Gratiae potentibus et commoventibus intertextus, hoc iter transformativum curationem quotidianam per scripturas, reflexiones sinceras, preces strategicas, et diarium directum offert. Sive vulnera infantiae, sive relationum, sive ministerii, sive ducatus pugnis, hic liber te a cineribus reiectionis ad pulchritudinem restaurationis ducet.

Disces quomodo:

- *Libera te a mendaciis indignitatis et diffidentiae*
- *Silentium fac proditionum praeteritarum et vulnerum animi*
- *Identitatem tuam a Deo datam amplectere ut amatam, electam, et integram.*
- *Ignosce profunde et ambula in pace*
- *Propositum inveni et historia tua ad alios sanandos utere.*

Quotidie te propius ad cor Patris adducet, mentem tuam renovans et animam tuam restituens. Hoc est tempus tuum. Haec est sanatio tua. Hoc est **iter tuum** ad integritatem. Cum amore a **Zacharia, Amb. Ogbe, et Comfort Ladi.**

Verba Clavis pro Amatus, Electus et Integer: Iter Triginta Dierum a Reiectione ad Restaurationem -

- *Sanatio a reiectione devotionali*
- *Devotio Christiana ad sanationem*
- *Superare repudiationem fide*
- *Devotio triginta dierum ad sanationem animi*
- *Devotio pro cordibus fractis*
- *Invenire identitatem in Christo devotionale*
- *Studium Biblicum de Restitutione post Reiectionem*
- *Amor Dei et meditatio sanationis*
- *Devotio Christiana pro dignitate sui*
- *Dux precum ad sanandam repudiationem*
- *Devotionale Bibliae curationis affectivae*
- *Devotio ad restaurationem spiritualem*
- *Sanatio a derelictione devotionalis*
- *Devotio pro fractura et sanatione*
- *Iter ad restaurationem devotionale*
- *Devotio de acceptatione Dei*
- *Devotio sanationis fidei fundata*
- *Liber devotionis Christianae inspirans*
- *Devotio ad superandam repudiationem et dolorem*
- *Devotionale cum indice precum ad sanationem*

Dedicatio

Omnibus qui umquam se indignos, non amatos, non visos, aut non desideratos senserunt— Hic liber vobis est.

Puero derelicto, duci prodito, coniugi reiecto, amico neglecto — Hoc iter est tua sanatio.

Omni viro et feminae qui silentio fleverunt, de suo valore dubitaverunt, et de loco suo in dubium vocaverunt:
Non estis soli.

Et Ei qui videt, sanat, restituit, numquamque reicit — Iesu Christo, Redemptori nostro — tibi omnis gloria et honor est.

Gratiarum Actio

Primum omnium, omnem gloriam **Deo Omnipotenti**, Medicanti cordium fractorum, Restituenti fatorum, et Ei qui numquam repudiat eos qui ad se veniunt, tribuimus.

Spiritui **Sancto**, Consolatori nostro, Consiliario, et Socio perpetuo — gratias tibi ago quod his paginis vitam insufflas et omne verbum cum proposito dirigis.

Viris **feminisque quorum fabulae hanc meditationem inspiraverunt**, sive directe sive indirecte — gratias vobis ago pro vestra fragilitate et fortitudine. Vestra itinera nos admonent nullum dolorem in manibus Dei frustra consumi.

Intercessoribus, **mentoribus, patribus matribusque spiritualibus** qui precati sunt, prophetaverunt, et in hanc visionem infuderunt—vostrum auxilium fundamentale fuit.

Praecipue gratias agimus Gulielmo Graham, memoriae benedictae, pro contributione de **"QUOMODO RENASCI". Tam pretiosum ad processum sanationis et restitutionis. Deus te benedicat!**

Turmae **Ministeriorum Aquilae Dei – GEMs**, gratias vobis ago pro vestro indefesso auxilio et indefesso studio ad sanationem et veritatem per orbem terrarum disseminandam.

Omnibus qui per reiectionem transierunt et tamen iterum credere ausi sunt — **hic liber est tributum perseverantiae vestrae.**

Et tibi, lectori — gratias tibi ago quod cor tuum ad sanationem aperuisti. Utinam hoc iter te ad vitam restitutionis, identitatis, et propositi divini ducat.

AMATUS, ELECTUS ET INTEGER:	**1**
ITER TRIGINTA DIERUM A REIECTIONE AD RESTAURATIONEM	1
ZACHARIAS GODSEAGLE;	1
LEGATUS LUNAE O. OGBE;	1
COMFORT LADI OGBE	1
PAGINA IURIS AUCTORIS	**2**
DE LIBRO	**4**
VERBA CLAVIS PRO AMATUS, ELECTUS ET INTEGER: ITER TRIGINTA DIERUM A REIECTIONE AD RESTAURATIONEM -	**5**
DEDICATIO	**7**
GRATIARUM	**8**
INTRODUCTIO	**20**
NUNTIUS AD DUCES ET MODERATORES GREGUM	22
COMMENDATIONES SPECIALES PRO ECCLESIIS/MINISTERIIS	24
ADDENDUM DUCTORIS MODERATORIS: PRO ECCLESIIS, MINISTERIIS, ET COETIBUS SANATIONIS	25
FABULA MICHAELIS ET SPEI	27
HISTORIA GRATIAE ET RENOVATIONIS	29
SYMPTOMATA REIECTIONIS INFIXAE	31
1. CONTINUA NECESSITAS APPROBATIONIS	31
2. TIMOR INTIMITATIS VEL VULNERABILITATIS	31
3. REACTIO NIMIA AD CRITICAM	31
4. SUI-SABOTAGIUM	31
5. SOLITUDO ET RECESSUS	32
6. IDENTITAS AB EFFICACIA IMPULSA	32
7. VOTA INTERNA ET CREDENTIAE LIMITANTES	32

8. Disiunctio Spiritualis	**32**
Sanatio ab Inhaerente Reiectione: Dux Gradus per Gradum	**33**
Gradus 1: Radicem	33
Gradus 2: Mendacio Abdica	34
Gradus 3: Ignosce eis qui te Reiecerunt	35
Gradus IV: Accipe Sanationem et Acceptationem Dei	36
Gradus V: Vitam Loquere et Mentem Tuam Renova	37
Gradus VI: Iterum Coniunge in Sanis Necessitudinibus	38
Gradus VII: Aliis Sanationem Ministrare	39

ITER TRIGINTA DIERUM A REPUDIATIONE AD RESTITUTIONEM INCIPIT...	**40**
DIES I: Vulnus Tacitum	**41**
Scriptura (NLT):	41
Fabula Michaelis:	41
Fabula Gratiae:	41
Perspicacia Devotionalis:	41
Quaestiones ad Cogitandum:	42
Declaratio Precationis:	42
Propositum Diarii:	42
Notae:	43
DIES II: Radix Mendacii	**44**
Scriptura (Amplificata):	44
Fabula Michaelis:	44
Fabula Gratiae:	44
Perspicacia Devotionalis:	44
Quaestiones Reflexionis:	45
Declaratio Precationis:	45
Admonitio Diarii:	46
Notae:	47
DIES III: Cum Amor Deserit	**48**
Scriptura (NLT):	48
Fabula Michaelis:	48
Fabula Gratiae:	48
Perspicacia Devotionalis:	49

Quaestiones Reflexionis:	49
Declaratio Precationis:	49
Admonitio Diarii:	50
Notae:	51
Dies IV: Pudor Te	52
Scriptura (AMP):	52
Fabula Michaelis:	52
Fabula Gratiae:	52
Perspicacia Devotionalis:	52
Quaestiones ad Cogitandum:	53
Declaratio Precationis:	53
Admonitio Diarii:	53
Notae:	55
Dies V: Vox Intra	**56**
Scriptura (NLT):	56
Fabula Michaelis:	56
Fabula Gratiae:	56
Perspicacia Devotionalis:	56
Quaestiones Reflexionis:	57
Declaratio Precationis:	57
Admonitio Diarii:	57
Notae:	58
Dies VI: Amplexus Patris	**59**
Scriptura (NLT):	59
Fabula Michaelis:	59
Fabula Gratiae:	59
Perspicacia Devotionalis:	59
Quaestiones ad Cogitandum:	60
Declaratio Precationis:	60
Admonitio Diarii:	60
Notae:	61
Dies VII: Operae pretium erat exspectare	**62**
Scriptura (AMP):	62
Fabula Michaelis:	62
Fabula Gratiae:	62
Perspicacia Devotionalis:	62
Quaestiones ad Cogitandum:	63

Declaratio Precationis:	63
Propositum Diarii:	63
Notae:	65
Dies VIII: Veritas De Te	**66**
Scriptura (NLT):	66
Fabula Michaelis:	66
Fabula Gratiae:	66
Perspicacia Devotionalis:	66
Quaestiones Reflexionis:	67
Declaratio Precationis:	67
Admonitio Diarii:	67
Notae:	68
Dies IX: Cyclum Frangens	**69**
Scriptura (AMP):	69
Fabula Michaelis:	69
Fabula Gratiae:	69
Perspicacia Devotionalis:	69
Quaestiones Reflexionis:	70
Declaratio Precationis:	70
Admonitio Diarii:	70
Notae:	71
Dies X: Potestas Ignoscendi	**72**
Scriptura (NLT):	72
Fabula Michaelis:	72
Fabula Gratiae:	72
Perspicacia Devotionalis:	72
Quaestiones Reflexionis:	73
Declaratio Precationis:	73
Admonitio Diarii:	73
Notae:	74
Dies XI: Narrationem Rescribens	**75**
Scriptura (NLT):	75
Fabula Michaelis:	75
Fabula Gratiae:	75
Perspicacia Devotionalis:	75
Quaestiones Reflexionis:	76
Declaratio Precationis:	76

Admonitio Diarii:	76
Notae:	78
Dies XII: Non Es Solus	**79**
Scriptura (AMP):	79
Fabula Michaelis:	79
Fabula Gratiae:	79
Perspicacia Devotionalis:	79
Quaestiones ad Cogitandum:	80
Declaratio Precationis:	80
Admonitio Diarii:	80
Notae:	81
Dies XIII: Amatus Sine Conditionibus	**82**
Scriptura (NLT):	82
Fabula Michaelis:	82
Fabula Gratiae:	82
Perspicacia Devotionalis:	82
Quaestiones Reflexionis:	83
Declaratio Precationis:	83
Admonitio Diarii:	83
Notae:	84
Dies XIV: Radicati, Non Reiecti	**85**
Scriptura (NLT):	85
Fabula Michaelis:	85
Fabula Gratiae:	85
Perspicacia Devotionalis:	85
Quaestiones Reflexionis:	86
Declaratio Precationis:	86
Admonitio Diarii:	86
Notae:	87
Dies XV: A Cicatrice ad Fabulam	**88**
Scriptura (NLT):	88
Fabula Michaelis:	88
Fabula Gratiae:	88
Perspicacia Devotionalis:	88
Quaestiones Reflexionis:	89
Declaratio Precationis:	89
Admonitio Diarii:	89

Notae:	90
Dies XVI: Sanatio per veniam	**91**
Scriptura (AMP):	91
Fabula Michaelis:	91
Fabula Gratiae:	91
Perspicacia Devotionalis:	91
Quaestiones Reflexionis:	92
Declaratio Precationis:	92
Admonitio Diarii:	92
Notae:	93
Dies XVII: Amorem Patris Amplexantes	**94**
Scriptura (NLT):	94
Fabula Michaelis:	94
Fabula Gratiae:	94
Perspicacia Devotionalis:	94
Quaestiones ad Cogitandum:	95
Declaratio Precationis:	95
Admonitio Diarii:	95
Notae:	96
Dies XVIII: Restitutio Aestimationis Sui	**97**
Scriptura (NLT):	97
Fabula Michaelis:	97
Fabula Gratiae:	97
Perspicacia Devotionalis:	97
Quaestiones Reflexionis:	98
Declaratio Precationis:	98
Admonitio Diarii:	98
Notae:	99
Dies XIX: Fines Salubriores Aedificantes	**100**
Scriptura (AMP):	100
Fabula Michaelis:	100
Fabula Gratiae:	100
Perspicacia Devotionalis:	100
Quaestiones Reflexionis:	101
Declaratio Precationis:	101
Admonitio Diarii:	101
Notae:	103

DIES XX: IN NOVA IDENTITATE TUA STANDO	**104**
SCRIPTURA (AMP):	104
FABULA MICHAELIS:	104
FABULA GRATIAE:	104
PERSPICACIA DEVOTIONALIS:	104
QUAESTIONES REFLEXIONIS:	105
DECLARATIO PRECATIONIS:	105
ADMONITIO DIARII:	105
NOTAE:	106
DIES XXI: VOCEM TUAM RECUPERANDO	**107**
SCRIPTURA (NLT):	107
FABULA MICHAELIS:	107
FABULA GRATIAE:	107
PERSPICACIA DEVOTIONALIS:	107
QUAESTIONES REFLEXIONIS:	108
DECLARATIO PRECATIONIS:	108
ADMONITIO DIARII:	108
NOTAE:	109
DIES XXII: REDIMEN ERRORUM PRAETERITORUM	**110**
SCRIPTURA (AMP):	110
FABULA MICHAELIS:	110
FABULA GRATIAE:	110
PERSPICACIA DEVOTIONALIS:	110
QUAESTIONES AD COGITANDUM:	111
DECLARATIO PRECATIONIS:	111
ADMONITIO DIARII:	111
NOTAE:	112
DIES XXIII: PACEM INTERIOREM ACCIPIENDO	**113**
SCRIPTURA (NLT):	113
FABULA MICHAELIS:	113
FABULA GRATIAE:	113
PERSPICACIA DEVOTIONALIS:	113
QUAESTIONES REFLEXIONIS:	114
DECLARATIO PRECATIONIS:	114
ADMONITIO DIARII:	114
NOTAE:	115
DIES XXIV: COMMUNITATEM ADIUTRICEM COLERE	**116**

Scriptura (AMP):	116
Fabula Michaelis:	116
Fabula Gratiae:	116
Perspicacia Devotionalis:	116
Quaestiones Reflexionis:	117
Declaratio Precationis:	117
Admonitio Diarii:	117
Notae:	118
Dies XXV: Bellum Pudori Indicans	**119**
Scriptura (NLT):	119
Fabula Michaelis:	119
Fabula Gratiae:	119
Perspicacia Devotionalis:	119
Quaestiones Reflexionis:	120
Declaratio Precationis:	120
Admonitio Diarii:	120
Notae:	121
Dies XXVI: Veram Identitatem Tuam Amplectendo	**122**
Scriptura (AMP):	122
Fabula Michaelis:	122
Fabula Gratiae:	122
Perspicacia Devotionalis:	122
Quaestiones ad Cogitandum:	123
Declaratio Precationis:	123
Admonitio Diarii:	123
Notae:	124
Dies XXVII: Ambulantes in Ignoscendis	**125**
Scriptura (NLT):	125
Fabula Michaelis:	125
Fabula Gratiae:	125
Perspicacia Devotionalis:	125
Quaestiones ad Cogitandum:	126
Declaratio Precationis:	126
Admonitio Diarii:	126
Notae:	127
Dies XXVIII: Propositum cum Audacia Persequentes	**128**
Scriptura (NLT):	128

Fabula Michaelis:	128
Fabula Gratiae:	128
Perspicacia Devotionalis:	128
Quaestiones Reflexionis:	129
Declaratio Precationis:	129
Admonitio Diarii:	129
Notae:	131
DIES XXIX: Integerrime Vivendo	**132**
Scriptura (AMP):	132
Fabula Michaelis:	132
Fabula Gratiae:	132
Perspicacia Devotionalis:	132
Quaestiones ad Cogitandum:	133
Declaratio Precationis:	133
Admonitio Diarii:	133
Notae:	134
DIES XXX: Mandatum ad alios sanandos	**135**
Scriptura (NLT):	135
Fabula Michaelis:	135
Fabula Gratiae:	135
Perspicacia Devotionalis:	135
Quaestiones ad Cogitandum:	136
Declaratio Precationis:	136
Admonitio Diarii:	136
Notae:	137

CONCLUSIO: A RESTAURATIONE AD PROPOSITUM — **138**

QUOMODO RENASCI SIT A BILLY GRAHAM — **140**

Radix Problematum Nostrorum	141
Nova Nativitas	143
Mysterium	145
Certusne es de salute tua?	145
"Peccator sum, et me paenitet."	146
Quaerisne responsa?	146

PACEM CUM DEO HABERE POTES	**146**
QUID EST PAX?	146
PARATUSNE ES AD PACEM QUAM IESUS OFFERT?	148
INCIPITE NOVAM VITAM TUAM CUM CHRISTO	**148**
GRADUS 1 – PROPOSITUM DEI: PAX ET VITA	148
GRADUS 2 – PROBLEMA: PECCATUM NOS SEPARAT	149
GRADUS III – REMEDIUM DEI: CRUX	150
GRADUS IV – RESPONSUM NOSTRUM: ACCIPITE CHRISTUM	150
HISTORIA SALUTIS – PRECATIO SALUTIS – PRECATIO SALUTIS – PRIMA NOSTRA VERA COLLOQUIA CUM DEO	**152**
PRECATIO SALUTIS – INCIPIT CUM FIDE IN DEUM	153
PRECATIO SALUTIS – CONFESSIO PECCATI NOSTRI	153
ORATIO SALUTIS – CONFITENDO FIDEM IN CHRISTUM UT SERVATOREM ET DOMINUM	154
PRECATIO SALUTIS – DIC ET SENTENTIAM HABE NUNC!	155
ITER DISCIPULATUS XL DIERUM	156
QUAESTIO TIBI!	157
ALII LIBRI AB AUCTORIBUS EDITI	**158**
ZACHARIAS GODSEAGLE	158
LEGATUS LUNAE O. OGBE	158
COMFORT LADI OGBE AS AMANDA DANIEL	159

Introductio

Reiectio est una ex vitae acerbissimis experientiis. Tacite venit, sed clare loquitur. Susurrat te non satis bonum esse, non desideratum, non dignum. Sive a parente qui discessit, sive a socio qui amorem tuum prodidit, sive a duce qui numquam in te credidit, sive a systemate quod te neglexit, orta est — vestigium in anima relinquit.

Per reiectionem transivi. Dolorem sensi male iudicati, derelicti, et invisi. Sed etiam aliquid maius inveni: amorem qui numquam deficit, vocem quae me electum vocat, et sanationem quam nullum vulnus sustinere potest. Haec inventio hanc meditationem peperit.

"Amata, Electa et Integra" non est solum titulus— est divina tua identitas.

Hoc iter triginta dierum compassione, Scripturis, et narrationibus vitae verae confectum est, ut te adiuvet ut e umbris reiectionis ad lucem restitutionis progrediaris. **Michaelem** et **Gratiam cognosces** , duas voces quibus te ad nos pertinere potes, quae personificant labores et victorias quas omnes in certamine ad pertinendum subeamus. Per eorum narrationes — et tuam — veritatem deteges, mendacia oppugnabis, et eum qui te numquam reiecerit iterum invenies: Deum.

Quotidie tibi offert:

- **Fabula ad quam te attrahere potes**
- **Veritas ex Scripturis ad te ancorandum**

- **Reflexio ad cor tuum movendum**
- **Precatio ad animum tuum componendum**
- **Admonitio in diario ad te adiuvandum in curatione tua.**

Hic liber est locus tuus tutus. Est pro fractis corde, fortibus sed fessis, et tacite dolentibus. Sive hoc legis ex loco doloris recentis sive ex cicatricibus quae adhuc dolent, scire te volo:

Non es solus. Profunde amatus es. Electus es. Et sane—integer es.

Hoc sit tibi momentum conversionis. Hoc sit tibi restauratio.

Bene advenisti ad iter tuum sanationis.

Nuntius ad Duces et Moderatores Gregum

Carissime Collega Dux,
Gratias tibi ago quod animo tuo cum aliis in itinere a repudiatione ad restitutionem ambulare conaris. Opus sacrum facis.

Haec meditatio non solum ad meditationem personalem sed etiam ad parvos coetus, ministeria sanationis, circulos precum, et loca consilii destinata est. Quisque dies argumenta valida, Scripturas, et experientias vitae verae offert quae conversationem profundam et transformationem in contextu coetus incitare possunt.

Hic sunt paucae suggestiones ad te adiuvandum ut efficaciter faciliorem reddas:

- *Quamque sessionem oratione incipe, Spiritum Sanctum invitans ut sanationem et perspicaciam afferat.*

- *Precationem quotidianam clara voce lege, deinde tempus sodalibus coetus da ut singuli meditentur.*

- *Quaestionibus reflexionis utere ad sermonem sincerum et reverentem dirigendum.*

- *Diarium scribendum hortari, sed communicationem facultativam fac — quaedam sanatio silentio fit.*

- *Finite cum declaratione precum, eam simul tamquam communitas fidei recitantes.*

- *Spatium gratiae, secreti, et non-iudicii crea— hoc ad profundam sanationem essentiale est.*

- *Fortasse etiam tempus speciale die tricesimo seponere velis testificationibus, cultui, vel precibus missionariis pro participantibus qui post sanationem ad propositum ingrediuntur.*

Memento : sanatio iter est, non finis. Ducatus tuus, empatheia, et sensus spiritualis claves sunt ad libertatem in aliis aperiendam. Dum Deus hoc libro utitur, te quoque utatur ut vas consolationis suae et restaurationis sis.

Cum profunda gratitudine et prece,
Zachariah Godseagle ; Legatus Monday O. Ogbe ; Comfort Ladi Ministeria Aquilae Dei
Ogbe – GEMs
www.otakada.org

Commendationes Speciales pro Ecclesiis/Ministeriis

- **Hoc devotionale sermonem offer ut partem expeditionis sanationis triginta dierum.** Promove illud in officiis religiosis, studiis Biblicis, vel sessionibus consilii specialibus.
- **Ad ministeria liberationis et sanationis interioris adhibenda.** Argumenta bene congruunt cum profunda restauratione spirituali.
- **Testimonia** in fine cycli triginta dierum adhortationis et incrementi causa incorpora.
- **Programmata subsequentia** de inventione propositi, aestimatione sui, et incremento spirituali ad transformationem continuandam considera.

Licentia et Usus Gregalis:
Pro exemplaribus copiosis vel accessu digitali gregali, nobis scribe ad ambassador@otakada.org pro pretiis deductionis ministerii vel versionibus ad organizationem tuam accommodatis.

Hoc iter plus quam devotio sit—fiat motus sanationis, libertatis, et divinae restaurationis per Corpus Christi.

Addenda Ductoris Moderatoris: Pro Ecclesiis, Ministeriis, et Coetibus Sanationis

Propositum:
Haec meditatio apta est ad **usum in ecclesiis, ministeriis sanationis, coetibus consiliariis, et sodalitatibus auxilii** ubi homines integritatem ex vulneribus affectivis, spiritualibus, et relationalibus quaerunt.

Forma Gregis Suggesta (Usus Hebdomadalis vel Quotidianus):

1. **Precatio Inauguralis et Cultus (5–10 min)**
   Spiritum Sanctum in medium vestrum excipite et atmosphaeram pacis ac liberalitatis create.
2. **Lectio Devotionalis (5–10 min)**
   Inscriptionem quotidianam clara voce lege vel antea assigna. Lectores singulis hebdomadibus alterna ut participationem incitent.
3. **Cogitatio in grege (20–30 min.)**
   Quaestionibus de cogitatione utere ad disputationem perspicuam excitandam. Participantibus admone hunc locum tutum et secretum esse.
4. **Diarium Personale (10 min.)**
   Tempus ad singulas res tractandas da. Diarium voluntarie communicari potest.
5. **Precatio et Intercessio (10–15 min)**
   De rebus specificis tractatis ora. Singulas

sessiones declaratione precum sanationis inclusa finiantur.
6. **Actionis Obligatio**
Sodales adhortari ut lectionem illius diei modo practico adhibeant—sive veniam praebendo, sive de Scripturis meditando, sive epistulam ad Deum in diarium scribendo.

Fabula Michaelis et Spei

Michael in domo crevit ubi amor rarus erat et approbatio etiam rarior. Pater eius, vir severus et distans, raro verba affirmationis proferebat. Mater, vitae laboribus oppressa, saepe necessitates eius affectivas neglegebat. Ab ineunte aetate, Michael nuntium dolorosum in se recepit: se non sufficere. Quantumvis conaretur, se invisibilem, non amatum et reiectum sentiebat.

In schola, Michael vix se ad societatem accommodabat. Amici veniebant et abibant, sed semper se quasi extraneum introspicientem sensit. Magistri eum saepe neglegebant, et etiam minima errata eius indignitatem confirmare videbantur. Tempore procedente, repudiatio inhaesit — umbra quae eum ubique sequebatur, mendacia de eius valore susurrans.

Michaele senescente, haec profunda reiectio omnes vitae eius partes — necessitudines, cursum honorum, et dignitatem sui — affecit. Intimitatem timebat, exspectans alios eum discessuros aut reiicituros. Haesitabat somnia sua persequi, persuasus se successu dignum non esse. Dolor quietus sed constans erat, catena gravis quam frangere non poterat.

Olim, cum infimus esset animi aegritudo, amicus ei tradidit libellum devotionale cui titulus erat " *Amatus, Electus et Integer: Iter Triginta Dierum a Reiectione ad Restaurationem"* . Scepticus sed desperatus, Michael legere coepit. Nuntius cuiusque diei directe ad cor eius loquebatur, veritates revelans quas oblitus erat aut numquam cognoverat: amorem Dei sine conditione esse, eum alte electum esse, et identitatem suam non ab aliis opinionibus sed a Creatore qui eum nomine vocavit definiri.

Paulatim, Michael se per oculos Dei videre coepit. Vincula repudii laxabantur dum preces, meditationem, et vim scripturarum amplectebatur. Gradus practicos suscepit — consilium petens, necessitudines sanas exstruens, et passiones sequens quae olim extra potestatem videbantur.

Hodie, Michael non praeterita repudiatione sed restitutione quam invenit definitur. Cum fiducia ambulat, sciens se amatum, electum, et integrum esse. Historia eius testimonium est, quantumvis profunda sit repudiatio, sanatio et spes semper praesto esse.

Historia Gratiae et Renovationis

Gratia semper risum gerebat, sed post eum cor repudiatione grave latebat. Ab infantia, aculeum desertionis sensit — parentes divortium fecerunt cum adhuc parvula esset, et inter domos vagabatur, numquam plene sibi pertinens. In schola et circulis socialibus, Gratia saepe neglecta se sensit, quasi vox eius nihil referret. Nuntius tacitus erat clarus: non sufficiebat ut plene aut in perpetuum amaretur.

Cum adulescentia ingressa esset, inveterata reiectio Gratiae in eius necessitudinibus apparuit. Ad homines qui emotionaliter non praesto erant aut despiciebant se attrahebat, ita ut circulum dolorosum sensus invisi et non aestimati perpetuaret. Intimo corde, Gratia acceptationem desiderabat, sed anni reiectionis difficile crediderunt eam dignam esse.

Dolore non obstante, Gratia spem tacitam retinuit—susurrum se plus quam praeteritum suum esse posse. Quodam die, se praecipue fractam sentiens, librum " *Amata, Electa et Integra: Iter Triginta Dierum a Reiectione ad Restaurationem*" invenit . Sceptica sed sanationis avida, legere coepit. Quaeque oratio aliquid intus eam movebat—lenem admonitionem amorem Dei non in eius actione aut approbatione aliorum fundari, sed libere datum, sine conditione, et immutabilem.

Per cotidianas meditationes, preces, et narrationes, Gratia mendacia quae per annos crediderat, dissolvere coepit. Discebat identitatem suam filiae Dei electae, carae et integrae amplecti. Sanatio non erat statim—iter erat lacrimis, progressibus, et audacia ad vulnera vetera superanda repletum. Sed cum quolibet gradu, Gratia fortior fiebat, discens limites sanos ponere, sibi et aliis ignoscere, et audacter in proposito ambulare.

Hodie, Gratia renovato sensu dignitatis et pertinentiae splendet. Historiam suam narrat ut alios, qui reiectione capti sunt, exhortetur. Iter Gratiae demonstrat restitutionem fieri posse – omnem feminam, quae fracta se sentit, surgere, amari, electam, et integram posse.

Symptomata Reiectionis Infixae

Reiectio inveterata identitatem, necessitudines, et electiones vitae alicuius alte afficere potest. Saepe per constantes habitus, affectus, et opiniones eius operari intellegi potes. Hic sunt quaedam signa manifesta:

1. Continua Approbationis Necessitas

- Nimis approbationem quaerunt aut improbationem timent, etiam ab ignotis.
- Laus eis solacium temporarium praebet, sed cito in diffidentiam relabuntur.

2. Timor Intimitatis vel Vulnerabilitatis

- Difficulter se in relationibus aperiunt vel homines repellunt ne laedantur.
- Putant alios tandem discessuros, prodituros, aut eos repudiaturos.

3. Reactio Nimia ad Criticam

- Etiam lenis correctio vel dissensus sicut impetus personalis sentitur.
- Defensivi fiunt aut affectibus se retrahunt.

4. Sui ipsius sabotagium

- Antequam conentur desistunt, occasiones vitant, aut cladem tamquam inevitabilem exspectant.
- "Non sum satis bonus" vel "Me non eligent" fit scriptum subconscium.

5. Solitudo et Recessus

- Soli esse malunt non quod solitudinem gaudeant, sed ne iterum repudientur.
- Dicant fortasse, "Melius mihi solus est," dum clam coniunctionem desiderant.

6. Identitas Effectu Ducta

- Dignitas eorum sui cum rebus gestis, labore, ministerio, aut bonis moribus coniungitur.
- Sentiunt se amorem "mereri" debere, etiam a Deo.

7. Vota Interna et Credentiae Limitantes

- Vota interna fecerunt, ut: "Numquam iterum neminem me laedere sinam."
- Haec vota tacite eorum decisiones dirigunt et libertatem aut sanationem impediunt.

8. Disiunctio Spiritualis

- Difficile eis esse potest credere Deum vere eos amare aut accipere.
- Deum magis ut iudicem quam ut Patrem amantem vident, saepe in praesentia Eius indignos se sentientes.

Sanatio ab Inculcata Reiectione: Dux Gradus per Gradum

Gradus 1: Radicem Agnosce

Interroga:

- Ubi coepit repudiatio? In pueritia? In proditione? In derelictione? In neglegentia parentum?
- Quis vel quid primum te non amatum, indignum, aut non desideratum sentire fecit?

Diarium Reflexionis:

- "Primum mihi non gratum visum est cum..."
- "Credidi me non satis bonum esse quia..."

Oratio:
"Domine, revela mihi radicem repudii in vita mea. Lucem tuam in vulnera occulta fulge. Sana quae videre non possum."

Gradus II: Mendacio Renuntia

Reiectio saepe mendacia seminat ut:

- "Non sum amabilis."
- "Omnes abeunt." or "Omnes abeunt."
- "Mihi probandum est." or "Me ipsum probare debeo."

Actio:
Mendacia quae credidisti scribe. Deinde veritatem declara.

- "In Dilecto acceptus sum" (Ephesios 1:6).
- "Timide et mirabiliter creatus sum" (Psalmus 139:14).
- "Deus numquam me derelinquet neque derelinquet" (Hebraeos 13:5).

Oratio:
"Pactionem cum mendaciis reiectionis frango. Veritatem mei in Te, Domine, amplector."

Gradus III: Ignosce eis qui te reiecerunt

Implacabilitas vulnus apertum tenet.

Actio:

- Nomina personae (personarum).
- Dolorem agnosce.
- Elige ignoscere, etiamsi nondum sentis.

Oratio:
"Pater, ignosco [nomini] quod me sentire fecisti non desideratum et non amatum. Tibi ea trado et me libero ab onere non ignoscendi."

Gradus IV: Accipe Sanationem et Acceptationem Dei

Deus te denuo paternizare sinat. Te amet ubi alii defecerunt.

Actio:

- Tempus meditandi Scripturas de amore Dei impende.
- Imbue te cultu qui te identitatis tuae admonet.

Scripturae Claves:

- Isaiae 43:1 – "Vocavi te nomine tuo; meus es tu."
- Romani 8:15 – "Non accepistis spiritum servitutis iterum in timore…"

Oratio:
"Pater, amorem et acceptationem tuam accipio. Identitatem meam ut dilecti filii tui reconstrue."

Gradus V: Vitam Loquere et Mentem Tuam Renova

Reiectio modum quo te ipsum vides distorquet. Novis declarationibus opus est tibi.

Declarationes Diariae:

- "A Deo electus sum."
- "Non sum error." or "Non sum error."
- "Sine condicione amo." or "Sine condicione amo."

Actio:
"Murum Veritatis" sive "Diarium Identitatis" crea ubi scribis quae Deus de te dicit.

Gradus VI: Iterum coniunge in sanis necessitudinibus

Reiectio segregat, sed sanatio reconnectit.

Actio:

- Gradus parvos fac ut te in necessitudines tutas aperias.
- Communitati salubri, coetui precum, aut circulo auxilii sanationis intersis.
- Permitte hominibus fidis tecum ambulare.

Oratio:
"Domine, induc homines rectos in vitam meam—eos qui me corde tuo diligant et me adiuvent ut in integritate crescam."

Gradus VII: Aliis Sanationem Ministra

Deus vulnera tua in arma sanationis convertit.

Actio:

- Testimonium tuum communica.
- Pro aliis qui cum repudiatione luctantur, ora.
- In misericordia et intellectu ambula.

Scriptura:
2 Corinthios 1:4 – "qui consolatur nos in omni tribulatione nostra, ut et nos ipsos possimus consolari eos qui in omni tribulatione sunt…"

Iter triginta dierum a repudiatione ad restaurationem incipit...

DIES I: Vulnus Tacitum

Scriptura (NLT):

"Etsi pater meus et mater mea dereliquerunt me, Dominus autem adiuvabit me." – Psalmus 27:10

Fabula Michaelis:

Michael solus ad patris funus stabat, oculis siccis sed corde sanguinante. Puer reiectus propter "nimiam sensibilitatem" erat, numquam satis bonus erat. Nunc, nimis sero erat ad audienda verba quae desideraverat: *"Te superbus sum."* Silentium illud eum vexabat.

Fabula Gratiae:

Gratia semper fuerat illa invisibilis. A parentibus neglecta, ab amantibus adhibita, in opere repudiata. Reiectio non momentum erat — sed exemplum. Vocem eius, incessum, dignitatem formabat. Risus eius erat scutum, sed intus dubitabat num omnino interesset.

Perspicacia Devotionis:

Reiectio non semper clara est. Saepe tacite irrepit— per silentium, neglegentiam, reprehensionem, desertionem. Sed quacumque origine, Dei bracchia aperta sunt. Non solum te tolerat— te *eligit* . Non te comparat— te *carum habet* .

David, qui Psalmum XXVII scripsit, reiectionem cognovit. A familia sua neglectus, ab inimicis venatus, a filio suo proditus – tamen confidenter affirmat: *"Dominus me adiuvabit."*

Hodie, haec sit tua realitas. Deus te non definit eo qui te reiecit, sed eo qui te redemit.

Quaestiones ad meditationem pertinentes:

1. Quis in vita tua te indignum aut invisibilem sentire fecit?
2. Quod mendacium de teipso propter illam repudiationem credidisti?

Declaratio Precationis:

Pater, etiam cum homines me repudiant, tu me accipis. Cum alii deserunt, tu me arcte tenes. Dolorem praeteritae repudii trado et amplexum tuum sanantem accipio. Fac me iterum integrum, in nomine Iesu. Amen.

Admonitio Diarii:

Epistulam scribe ad personam (vel homines) qui te reiecit — non ad mittendas, sed ad liberandas.

Effunde dolorem tuum, deinde roga Deum ut spatium illud veritate sua impleat.

Notae:

DIES II: Radix Mendacii

Scriptura (Amplificata):

"Fur non venit nisi ut furetur et mactet et perdat. Ego veni ut vitam habeant et abundanter habeant [donec abundanter, donec abundant]." – Ioannes 10:10 AMP

Fabula Michaelis:

Michael vocem in capite suo excutere non poterat: *"Non satis es."* Resonabat in conclavibus directorum, in matrimonio eius, etiam in ecclesia. Quotiescumque aliquis labores eius non agnoscebat, vulnus iterum aperiebatur. Diligentius laborabat ut dignitatem suam demonstraret, sed plausus numquam duravit.

Fabula Gratiae:

Gratia olim cantricem fore somniavit. Sed nocte qua mater eius risit et dixit, *"Noli te pudere,"* somnium exstinctum est. Ex eo tempore, omnis occasio quasi insidiae, omnis laudatio mendacium visa est. Dona sua sub humilitate celavit, timens videri.

Perspicacia Devotionis:

Reiectio in nobis penitus latet: *"Non es dignus,"* *"Numquam ad aequaberis,"* *"Non es amabilis."* Sed hae non sunt cogitationes tuae — semina sunt quae inimicus seminat ut identitatem tuam furetur, fiduciam tuam necet, et fatum tuum destruat.

Iesus non solum venit ut animam tuam servaret— venit ut **totam vitam tuam restitueret**, cum **dignitate**, **voce**, et **identitate tua**.

Hodie, mendacium agnosce. Eradica illud. Veritate id substitue. Veritas Dei non est reactiva — est redemptrix.

Quaestiones ad meditationem pertinentes:

1. Quae cogitatio recurrentes incrementum tuum coercuit aut gaudium tuum abstulit?
2. Potesne cognoscere ubi et quando illud mendacium coepit?

Declaratio Precationis:

Iesu, venisti ut mihi vitam abundantem das. Omne mendacium quod dicit me inutilem aut non desideratum esse repudio. Haec mendacia eradico et veritatem tuam accipio: amatus sum, pretiosus, et ad propositum creatus. Sana me ab intus ad foras. Amen.

Admonitio Diarii:

Enumera tria mendacia quae de te ipso credidisti. Deinde, iuxta unumquodque, scribe veritatem ex Verbo Dei quae ea refutat.

Notae:

DIES 3: Cum Amor Discedit

Scriptura (NLT):

"Iuxta est Dominus tribulatis corde, et eripit eos qui animo confracto sunt." – Psalmus 34:18

Fabula Michaelis:

Illa erat quam mansuram putaverat. Uxor exeunte, plus quam vestes abstulit — ultimum fiduciae eius vestigium. *"Nimis laesus es,"* dixerat. Discessus eius quasi confirmatio omnium quae vere timebat videbatur.

Fabula Gratiae:

Gratia a sponso suo quasi hebdomades ante nuptias eorum obscurata est. Nulla explicatio. Silentium tantum. Se ipsam culpabat — speciem suam, mores suos, praeterita sua. Se abiectam sensit, quasi errorem quem nemo sibi vindicare volebat.

Perspicacia Devotionis:

Pauca vulnera altiora sunt quam derelictio ab eo qui mansurum promisit. Sed haec est veritas: **Deus numquam discedit.** Lacrimis tuis non deficit. Non se retrahit cum non es in optima forma.

Cor tuum fortasse fractum est, sed non est ultra reparationem. Cum homines discedunt, Deus incumbit. Ad spiritum tuum contritum accedit — non ut te misereatur, sed ut te **eripiat et restituat** .

Quaestiones ad meditationem pertinentes:

1. Quis a te discessit, et quomodo id dignitatem tuam formavit?
2. Quibus modis adhuc hodie illam derelictionem portas?

Declaratio Precationis:

Domine, tibi dolorem eorum qui abierunt do. Me derelictum sentire possum, sed numquam solus sum. Adesto mihi in fragilitate mea. Eripe me amore tuo et reaedifica quod perditum est. Amen.

Admonitio Diarii:

Scribe epistolam precum ad Deum de amore quod te graviter vulneravit. Esto sincerus — deinde permitte Ei ut cor tuum respondeat.

Notae:

DIES IV: Pudor Te Habeat

Scriptura (AMP):

"Pro ignominia tua [prioris] duplicem partem habebis..." – Isaiae 61:7a

Fabula Michaelis:

Michael ad convivia familiaria ire oderat. Ceteri omnes "bene se habebant." Adhuc conabatur confusionem praeteritam corrigere—officiorum iacturam, matrimonii irriti, debita. Aspectus, silentium, misericordia—omnia haec *pudorem clamabant*.

Fabula Gratiae:

Pudor in humeris Gratiae velut umbra vigebat. Abusus sexualis, sponsalia rupta, electiones malae— ea velut litteram coccinam gerere se credebat. Etiam cum arrideret, anima eius susurrabat, *"Sciunt."*

Perspicacia Devotionis:

Pudor non est a Deo. Culpa dicit, "Aliquid mali feci." Pudor dicit, " Aliquid mali *sum* ." Iesus utrumque in cruce portavit — culpam tuam et pudorem tuum.

Promissio Dei in Isaia 61:7 non est solacium vagum. Est **declaratio compensationis divinae** . Pro ignominia vestra, dat honorem. Pro repudiatione, dat pertinentiam. Pro dolore, dat propositum.

Non necesse est te pudorem alio die gerere.

Quaestiones ad meditationem pertinentes:

1. Quae memoria aut error te adhuc pudorem sentire facit?
2. Quale esset vivere quasi vere ignoscereris?

Declaratio Precationis:

Deus, depono ignominiam. Non sum quod mihi factum est aut quod feci—sum qui dicis me esse. Indue me dignitate. Restitue identitatem meam. Accipio duplicem portionem tuam sanationis et honoris. Amen.

Admonitio Diarii:

Describe rem unam quam propter pudorem celavisti. Deinde scribe qualis libertas esset si illud pondus abisset.

Notae:

DIES V: Vox Interna

Scriptura (NLT):

"Dei enim sumus opera sua, qui recrevit nos in Christo Iesu, ut bona eius, quae olim proposuit, operemur." – Ephesios 2:10

Fabula Michaelis:

Michael saepe vocem patris sui criticam in animo audiebat: *"Numquam quicquam eris."* Etiam vir adultus, vox illa electiones eius regebat — et potentiam eius obruebat.

Fabula Gratiae:

Vox interior Gratiae omne verbum crudele de se dictum resonabat. Etiam cum homines eam laudarent, mens eius susurrabat, *"Non vere id sentiunt."* Benedictiones sabotabat, timens ne eriperentur.

Perspicacia Devotionis:

Omnes narrationes internas portamus—scripta a reiectione, trauma, metu scripta. Sed hodie, Deus fabulam tuam rescribit. Non es error. Non es mediocris. Non es non desideratus.

Tu es **eius opus perfectum**. Proposito creatus es, gratia ablutus, et ad magnitudinem destinatus.

Tempus est criticum silentium imponere et vocem Creatoris amplificare.

Quaestiones ad meditationem pertinentes:

1. Cuius vocem adhuc audis repudiationem vel vituperationem repetientem?
2. Quam veritatem ex Verbo Dei clarius proferre debes?

Declaratio Precationis:

Pater, omnem vocem quae contra dignitatem meam loquitur silentium fac. Eligo credere quae de me dicis. Sum opus tuum perfectum. Sufficit mihi. Creatus sum de industria, ad finem. Amen.

Admonitio Diarii:

Scribe indicem "Ego sum" secundum Verbum Dei (e.g., electus sum, dilectus sum, integer sum...). Pone eum in loco visibili.

Notae:

DIES VI: Amplexus Patris

Scriptura (NLT):

" Et venit domum ad patrem suum. Cum autem adhuc longe esset, vidit illum pater venientem, et plenus misericordia et misericordia, cucurrit ad filium, et complexus est eum, et osculatus est eum." – Lucas 15:20

Fabula Michaelis:

Michael procul a Deo fuerat—amaritudine et culpa impulsus. Sed una nocte, fractus et fessus, precem susurravit, *"Si adhuc ibi es…"*. Quod secutum est non fuit damnatio sed sensus pacis innegabilis.

Fabula Gratiae:

Gratia Deum similem patri terreno imaginabatur—distantem et deceptum. Sed in cultu religioso, carmen dicebat, *"Bonus, bonus Pater est."* Lacrimae fluebant dum nova realitas erumpebat: *Deus me vult… etiam nunc.*

Perspicacia Devotionis:

Historia filii prodigi non solum de poenitentia agit, sed de **Patre qui currit** . Deus non solum exspectat; observat. Non lectionibus sed **amplectibus studet** .

Indignum, nimis longe abitum, nimis laesum te fortasse sentis—sed Pater te videt. Te domum vult. Brachia eius sint locus ubi sanatio tua incipit.

Quaestiones ad meditationem pertinentes:

1. Deumne ut Patrem amantem an ut personam longinquam vides?
2. Quos timores habes de plena amplexione ab Eo?

Declaratio Precationis:

Abba Pater, ad te venio sicut sum. Ad me curre, tene me, sana me. Timorem depono et amplexum tuum accipio. Non es similis eis qui discesserunt—fidelis es, benignus, et amans. Amen.

Admonitio Diarii:

Scribe epistolam quasi Deus tibi loquatur quasi filio suo carissimo. Incipe his verbis: *"Carissime mi/mi carissima/carissimus/carissima..."*

Notae:

DIES VII: Exspectatio Operae Pretium

Scriptura (AMP):

"Propterea exspectat Dominus et desiderat ut misereatur vestri, et propterea in excelso exspectat ut misereatur vestri." – Isaiae 30:18

Fabula Michaelis:

Michael putabat Deum se oblitum esse. Anni precum sine responso eum torpuerunt. Sed Deus eum non ignorabat—eum parabat. Quod mora videbatur, divinum tempus erat.

Fabula Gratiae:

Gratia mirabatur cur preces eius pro amore et acceptatione irrepserunt. Paulatim, Deus revelavit: *"Non solum tibi do quod vis. Te paratum facio ad ea quae tibi necessaria sunt."*

Perspicacia Devotionis:

Silentium Dei non est absentia. Interdum exspectat —

non ut puniat, sed ut **disponat** . Mora eius non est negatio — signum est amoris profundi et consilii.

Non oblitus es. **Exspectationem mereris** . Et quae Deus tibi reservat multo maiora erunt quam quae repudiatio te furari conata est.

Quaestiones ad meditationem pertinentes:

1. Quae morae te dignitatem tuam in dubium vocare fecerunt?
2. Num tempori Dei confidere potes, etiam cum tardum videatur?

Declaratio Precationis:

Domine, tibi in exspectatione confidere eligo. Adiuva me ne silentium cum absentia confundam. Praepara me, purifica me, et cum tempus opportunum advenerit, restitue me. Amen.

Admonitio Diarii:

De re quam exspectasti scribe. Deinde scribe quid significet Deo exitum committere.

Notae:

DIES VIII: Veritas de Te

Scriptura (NLT):

"Non vos me elegistis, sed ego vos elegi; ego vos constitui ut eatis et fructum maneat..." – Ioannes 15:16

Fabula Michaelis:

Michael semper quasi consilium secundarium in vita sensit — numquam primus electus. Sed cum legit Iesum se personaliter elegisse, aliquid in eo mutatum est. *"Deus me vult,"* susurravit.

Fabula Gratiae:

Gratia se ipsam tamquam "eam quam elegerunt" vidit. Sed in silentio cubiculi sui, Deus susurravit, *"Te elegi antequam te reicere possent."*

Perspicacia Devotionis:

Antequam mundus diceret *"non sufficis,"* Deus dixit *"Meus es."* Electus es — non ex secunda cogitatione, non ex misericordia — sed cum intentione et amore.

Haec veritas te hodie ancorat: a Caelo **manu delectus es.**

Quaestiones ad meditationem pertinentes:

1. Quando in vita alicuius quasi cogitatio secundaria te sensisti?
2. Quomodo scientia Dei te elegit mutat modum quo te ipsum vides?

Declaratio Precationis:

Iesu, gratias tibi ago quod me elegisti. Non sum oblitus, reiectus, aut fortuitus. Tuus sum. Adiuva me ut hodie in fiducia huius veritatis ambulem. Amen.

Admonitio Diarii:

Scribe quinque vitae tuae partes ubi nunc credere eligis: *"Electus sum."*

Notae:

DIES IX: Cyclum Interrumpens

Scriptura (AMP):

"Ecce, ego facio rem novam! Nunc orientur; num nonne cognoscitis?" – Isaiae 43:19

Fabula Michaelis:

Michael intellexit se iterare quae cum creverat — distantiam animi, diffidentiam, silentium doloris. Sed quodam die dixit, *"Hoc mecum finitur."*

Fabula Gratiae:

Gratia omnem sanam necessitudinem repulerat, quia dolor amori magis notus erat. Donec tandem dixit, *"Non amplius. Vero amore digna sum."*

Perspicacia Devotionis:

Reiectio saepe se repetit — nisi eam prohibemus. Deus tibi potestatem dat **cyclos frangere** . Quod te laesit, verbum ultimum non habebit. Quod te laesit, te non definiet.

Non es tua historia. Es novum Dei initium.

Quaestiones ad meditationem pertinentes:

1. Quae vitae rationes in repudiatione radicantur?
2. Paratusne es sanationem eligere, etiam cum insolita videatur?

Declaratio Precationis:

Deus, gratias tibi ago quod praeteritis non vinctus sum. Interrumpe omnem cyclum reiectionis, timoris, et diffidentiae in me. Declaro: hoc mecum finitur, et sanatio hodie incipit. Amen.

Admonitio Diarii:

Describe exemplar generationis vel mores personales quos frangere paratus es. Quam "rem novam" Deum incipere velle putas?

Notae:

DIES X: Potestas Ignoscendi

Scriptura (NLT):

"Concessentes invicem peccantes, donantes eis qui peccaverint. Mementote quoniam et Dominus donavit vobis, ita et vos." – Colossenses 3:13

Fabula Michaelis:

Michael patri ignoscere nolebat. Sed ira fovens eum solum vinctum tenuit. Ignoscere non erat oblivio—erat se liberare e carcere doloris.

Fabula Gratiae:

Gratia tandem amicae quae eam prodidit ignoscit — non quod id mereretur, sed quia pace egebat. Ignoscere via eius ad libertatem facta est.

Perspicacia Devotionis:

Ignoscere non est affectus—est **electio** . Non est negatio doloris, sed declaratio doloris vitam tuam non amplius regendi.

Non excusas quod accidit. Te ipsum **liberas** ut progrediaris.

Quaestiones ad meditationem pertinentes:

1. Cui ignoscere debes ut sanari possis?
2. Quid te impedit quominus plene dimittas?

Declaratio Precationis:

Domine, eligo ignoscere — non quia id merentur, sed quia sanationem desidero. Libera me ab amaritudine, et doce me iterum amare. In nomine Iesu, amen.

Admonitio Diarii:

Epistolam veniae scribe. Esto sincerus. Deinde super ea ora et illum hominem in manus Dei committe.

Notae:

DIES XI: Narrationem Rescribens

Scriptura (NLT):

"Hoc est qui est Christi, novus homo factus est: vetus vita abiit, nova vita inchoata est!" – 2 Corinthios 5:17

Fabula Michaelis:

Michael semper se fractum, vitiosum, et indignum vidit. Sed dum Verbum Dei studebat, novam fabulam de se scribere coepit—fabulam in veritate, non in trauma, fundatam.

Fabula Gratiae:

Gratia crevit audiens se "nimis commoveri," "nimis vehementius" esse. Annis multis se contrahere conata est. Sed Deus susurravit, *"Recta es in conspectu meo."*

Perspicacia Devotionis:

Reiectio falsas inscriptiones scribit: *dignus/amans, insufficiens/inadequatus/a, laesus/a.* Sed cum

Christum accipis, **nova identitas tibi datur**. Verbum Dei novum tuum scriptum fit.

Non es quod alii tibi fecerunt. Non es quod de te dixerunt. Es **Dei artificium in progressu.**

Quaestiones ad meditationem pertinentes:

1. Quae falsa nomina aut appellationes de te ipso credidisti?
2. Quid Deus dicit de eo qui vere es?

Declaratio Precationis:

Domine, mendaciis sub quibus vixi, depono. Novum nomen, novam identitatem, novam vitam in Te accipio. Adiuva me vivere sicut persona quam me creasti. Amen.

Admonitio Diarii:

Tres falsas opiniones quas de te ipso habuisti scribe. Deinde scripturam scripturalem vel veritatem scribe ad unamquamque refutandam.

Notae:

DIES XII: Non Es Solus

Scriptura (AMP):

"Ipse enim Deus dixit: 'Non te deseram, neque te deseram, neque te destituam...'" – Hebraeos 13:5b

Fabula Michaelis:

Michael putabat se solum omnem pugnam gerere debere. Sed paulatim praesentiam Dei in momentis quietis sentire coepit — numquam discedens, numquam deserens.

Fabula Gratiae:

Gratia sola in tenebris flere solebat, putans neminem eam videre. Quadam nocte hunc versum legit et intellexit: *"Deus semper aderat. Ego numquam animadverti."*

Perspicacia Devotionis:

Solitudo est unum e clamorosissimis mendaciis reiectionis. Sed veritas est **Deum tecum esse** — in silentio, in dolore, in ignoto.

Ipse est Emmanuel, *Deus nobiscum* , non solum in temporibus bonis, sed in omni loco fracto.

Quaestiones ad meditationem pertinentes:

1. Numquamne credidisti te vere solum esse?
2. Quibus modis praesentiae Dei tecum magis conscius fieri potes?

Declaratio Precationis:

Deus, gratias tibi ago quod numquam me dereliquisti. Etiam cum solus me sensissem, aderas . Aperi oculos meos ut te omni tempore videam. Amen.

Admonitio Diarii:

Cogita de momento quo te solum esse putasti, sed retrospecto, Deum praesentem fuisse animadverte. Describe illam memoriam et quid te docuit.

Notae:

DIES XIII: Amatus Sine Conditionibus

Scriptura (NLT):

"Deus autem magnam caritatem suam erga nos demonstravit, mittens Christum, cum adhuc peccatores essemus, ut pro nobis moreretur." – Romani 5:8

Fabula Michaelis:

Michael semper sensit se amorem mereri debere — per actionem, perfectionem, et simulationem. Cum deficeret, repudiationem expectabat. Sed amor Dei numquam vacillavit.

Fabula Gratiae:

Gratia se ipsam emendare conata est antequam ad Deum accederet. Tum quodam die intellexit, *"Iam me amabat... antequam rem componerem."*

Perspicacia Devotionis:

gratia Eius ancoratur . Amaris in die pessimo aeque ac in optimo.

Nihil est quod facere potes ut Deus te magis amet —
et nihil est quod fecisti quod eum te minus amet.

Quaestiones ad meditationem pertinentes:

1. Quibus modis amorem "mereri" conatus es — ab hominibus an a Deo?
2. Num amorem accipere potes etiam cum te indignum sentis?

Declaratio Precationis:

Pater, gratias tibi ago quod me sine condicione amas. Adiuva me desistere a contentione et incipere quiescere in perfecto amore tuo. Hodie id accipio corde aperto. Amen.

Admonitio Diarii:

Scribe epistolam a Deo ad te quae incipit *"Amo te quia..."*. Sine ut cum honestate et gratia fluat.

Notae:

DIES XIV: Radicati, Non Reiecti

Scriptura (NLT):

"Radices vestrae in eum crescant, et super ipsum salvemini." – Colossenses 2:7a

Fabula Michaelis:

Michael saepe identitatem suam in opinionibus aliorum fundabat — sive bonis sive malis. Sed cum se in Christo fixit, stabilitatem invenit quam numquam sibi opus esse scivit.

Fabula Gratiae:

Gratia solebat mutare se secundum eos qui circumstabant. Sed crescere coepit cum se ipsam rogavit, *"Quis sum ego cum sola ego et Deus sim?"*

Perspicacia Devotionis:

Cum identitas tua in repudiatione radicatur, vita instabilis videtur. Sed cum dignitatem tuam in Christo firmas, tempestates veniunt — sed te non concutiunt.

Radices tuas in amorem et veritatem Dei alte crescant. Ibi **securitatem** et **robur invenies** .

Quaestiones ad meditationem pertinentes:

1. Ubi identitatem tuam seministi — in Verbo Dei an in approbatione hominum?
2. Quae exercitia te adiuvare possunt ut in Christo radices maneas?

Declaratio Precationis:

Domine, planta me profunde in Te. Repudio tenuem terram placendi hominibus et comparationis. Radices meae in veritate Tua firmiores crescant. Amen.

Admonitio Diarii:

Crea indicem "veritatum fundamentalium"— scripturarum fundamentalium vel affirmationum quae te admonent quis sis in Christo.

Notae:

DIES XV: A Cicatrice ad Fabulam

Scriptura (NLT):

"Cogitastis de mihi nocere, sed Deus vertit omnia in bonum. Adduxit me in hanc condicionem, ut salvarem vitam multorum hominum." – Genesis 50:20

Fabula Michaelis:

Maximum vulnus Michaelis maximum eius nuntium factum est. Nunc aliis adiuvat ut a vulneribus paternis convalescant, eis admonens: *"Si Deus me sanare potuit, vos sanare potest."*

Fabula Gratiae:

Gratia de curatione a proditione libellum electronicum incepit. Quod olim eam silentium coegit, nunc vocem ei dedit. Cicatrix eius alterius signum spei facta est.

Perspicacia Devotionis:

Cicatrices tuae non sunt pudendae—sunt **testimonium supervivendi** . Deus dolorem non perdit. Eum transformat. Sanatio tua fit signum aliis.

Non solum tibi ipsi restitueris, sed omnibus quos fabula tua tanget.

Quaestiones ad meditationem pertinentes:

1. Quibus dolorosis rebus Deus fortasse aliis adiuvare velit?
2. Visne eum cicatrices tuas in fabulas redemptionis convertere?

Declaratio Precationis:

Domine, gratias tibi ago quod dolore meo usus es. Vulnera mea tibi offero — redime ea ad gloriam tuam. Fac ut sanatio mea lucem aliis praebeat. Amen.

Admonitio Diarii:

Testimonium tuum in una pagina scribe—qualis vita antea erat, quid acciderit, et quomodo Deus te nunc sanat.

Notae:

DIES XVI: Sanatio per veniam

Scriptura (AMP):

"Estote invicem benigni, adiuvantes, misericordes, donantes invicem, sicut et Deus in Christo donavit vobis." – Ephesios 4:32

Fabula Michaelis:

Michael iram erga matrem annos fovit. Sed intellexit impietatem futurum suum contaminare. Eam dimittere praeterita non mutavit, sed cor eius sanavit.

Fabula Gratiae:

Gratia ignoscit ei qui numquam veniam petierat. Cognovit veniam non pro libertate eorum esse, sed pro sua.

Perspicacia Devotionis:

Implacabilitas est onus quod repudiationem radicatas tenet. Sed cum ignoscis, vincula quae te praeterito alligant rumpis.

Ignoscere non est dicere *"Bene erat ,"* sed dicere *"Te libero ut liber esse possim."*

Quaestiones ad meditationem pertinentes:

1. Estne aliquis cui ignoscere difficile fuit? Cur?
2. Quale esset cor tuum sine illo onere?

Declaratio Precationis:

Domine, ignoscere eligo. Dolorem, iram, desiderium ultionis dimitto. Te confido ut iustitiam et sanationem afferas. Libera me, in nomine Iesu. Amen.

Admonitio Diarii:

Epistolam veniae scribe (non opus est eam mittere). Cor tuum effunde et ea quae te vinxerunt solve.

Notae:

DIES XVII: Amorem Patris Amplexantes

Scriptura (NLT):

"Videte quantum nobis Pater est, quia filios eius vocat, et hoc sumus!" – 1 Ioannes 3:1a

Fabula Michaelis:

Michael patrem terrestre longinquum habebat, itaque Deum eundem esse putabat. Sed tempore procedente, Patrem Caelestem invenit qui manebat, audiebat, amabatque.

Fabula Gratiae:

Gratia patrem suum numquam cognovit. Sed mane quodam, dum adorabat, bracchia circum se convolvere sensit — quamquam nemo aderat. Scivit: *"Abba Pater erat."*

Perspicacia Devotionis:

Amor Patris reiectionem denuo definit. Ubi alii abierunt, Deus manet. Ubi alii te neglexerunt, Deus te elegit.

Non es orphanus. **Adoptatus es, acceptus, et adoratus** .

Quaestiones ad meditationem pertinentes:

1. Quid de Deo Patre sentis? Utrum veritatem an vulnera praeterita refert?
2. Quomodo vita tua mutaretur, si viveres sicut puer dilectus?

Declaratio Precationis:

Abba Pater, adiuva me accipere amorem Tuum — non ut ideam, sed ut rem. Sana imaginem meam Tui. Sine me requiescere in amplexu Tuo. Amen.

Admonitio Diarii:

Scribe inscriptionem in diario quasi Deus esset Pater perfectus tibi directe loquens.

Notae:

DIES XVIII: Restitutio Aestimationis Sui

Scriptura (NLT):

"Gratias tibi ago quod me tam mirabiliter complexum fecisti! Mirabile est opus tuum — quam bene scio id."
– Psalmus 139:14

Fabula Michaelis:

Michael numquam "satis" sensit. Sed cum quam consulto Deus eum designavit consideravit, desiit alium esse conari et amplexus est qui erat.

Fabula Gratiae:

Gratia in speculum inspexit et dixit, *"Non sum errores mei."* Eo momento iter eius ad sui reverentiam incepit.

Perspicacia Devotionis:

Mirabilis es , consultus, et pretiosus .

Quaestiones ad meditationem pertinentes:

1. Quibus mendaciis de tua dignitate credidisti?
2. Quid Psalmus 139 de modo quo Deus te videt revelat?

Declaratio Precationis:

Deus, mihi dignitatem restitue. Doce me amare quod creasti — me. Vocem pudoris silere fac, et laetitiam tuam potius audire mihi permitte. Amen.

Admonitio Diarii:

Enumera quinque res quas de te ipso amas (aut amare vis)—corpore, mente, anima, vel spiritu.

Notae:

DIES XIX: Limites Salubriores Aedificantes

Scriptura (AMP):

"Custodite super omnia cor vestrum, quia ex eo procedunt omnia quae agitis." – Proverbia 4:23

Fabula Michaelis:

Michael semper "ita" dicebat ne reiectus esset. Sed tandem exhaustus, amarus, et defessus erat. Discere dicere "non" erat res amantissima quam umquam fecit.

Fabula Gratiae:

Gratia permisit ut homines eam super ambularent — donec intellexit benignitatem suam non infirmitatem esse, sed protectione egere. Fines posuit et pacem invenit.

Perspicacia Devotionis:

Sanatio significat discere **cor tuum custodire** . Fines non sunt muri ad homines arcendos—sunt portae quae pacem tuam protegunt et dignitatem tuam honorant.

Fines dicunt: *"Amo te et amo me quoque."*

Quaestiones ad meditationem pertinentes:

1. Ubi in vita tua meliores limites tibi opus sunt?
2. Suntne necessitudines ubi timor reiectionis te pacem tuam in discrimen adduxit?

Declaratio Precationis:

Domine, adiuva me te honorare me ipsum honorando. Doce me dicere "non" cum opus est et "ita" cum rectum est. Da mihi vires limites cum amore statuendi. Amen.

Admonitio Diarii:

Delinea tabulam finium personalium — quid rectum sit, quid non rectum, et quid tibi opus sit ut tutus et integrus te sentias.

Notae:

DIES XX: In Nova Identitate Tua Stando

Scriptura (AMP):

"Si quis igitur in Christo est [hoc est, insertus, ei coniunctus fide in eum ut Salvatorem], nova creatura est [renascens et renovatus Spiritu Sancto]... " – 2 Corinthios 5:17

Fabula Michaelis:

Michael non iam se "virum cum difficultatibus" appellabat. Dixit autem, *"Redemtus, restitutus, et in missione sum."*

Fabula Gratiae:

Gratia desiit parvam rem agere. Ingressa est cubicula sciens se electam esse — non propter se ipsam — sed propter *Cuius* esset.

Perspicacia Devotionis:

Reiectio identitatem tuam definire conata est. Sed **redemptio eam rescribit** . Non es fractus, reiectus, aut oblitus.

Filius Dei es—restauratus, renovatus, et splendens.

Quaestiones ad meditationem pertinentes:

1. Quomodo identitatem tuam nunc describeres?
2. Quae consuetudines quotidianae te adiuvant ut in nova identitate tua firmus stes?

Declaratio Precationis:

Iesu, in identitatem quam mihi dedisti plene ingredior. Omnem falsam appellationem relinquo et audacter ut dilectus tuus incedo. Vita mea gloriam tuam reflectat. Amen.

Admonitio Diarii:

Identitatem tuam in Christo uno paragrapho declara. Audacter dic et serva ubi quotidie legere potes.

Notae:

DIES XXI: Vocem Tuam Recuperando

Scriptura (NLT):

"Lingua mortem et vitam affert; qui amant loqui, poenas metent." – Proverbia 18:21

Fabula Michaelis:

Michael se silentium imposuerat ut pacem servaret. Sed intellexit vocem suam pretium habere. Testimonium eius alios liberare coepit cum ipse libere loqui coepit.

Fabula Gratiae:

Gratia semper alios pro se loqui sinebat. Sed die quo fabulam suam publice narravit, flevit — non ex pudore, sed ex sanatione.

Perspicacia Devotionis:

Reiectio saepe vocem nostram eripit. Sed sanatio eam restituit. Fabula tua valet. Vox tua vim et sanationem portat — tibi ipsi et aliis.

Non iam voce cares. Nuntius spei *es* .

Quaestiones ad meditationem pertinentes:

1. Num vocem tuam propter timorem aut praeteritam repudiationem silentium fecisti?
2. Quod nuntium te per iter tuum sanationis communicare instruxit?

Declaratio Precationis:

Pater, adiuva me vitam dicere. Vocem meam restitue et mihi audaciam da ut narrem quae fecisti. Sine ut mea historia aliis libertatem afferat. Amen.

Admonitio Diarii:

Scribe brevem testimonii tui versionem—unde ortus sis et quo te Deus ducit.

Notae:

DIES XXII: Errores Praeteritos Redimens

Scriptura (AMP):

"Scimus autem [magna fiducia] quod Deus [qui vehementer sollicitus est de nobis] omnia cooperantur in bonum..." – Romani 8:28

Fabula Michaelis:

Michael credidit praeterita sua se ineptum esse. Sed Deus errores eius ut fundamenta vocationis suae adhibuit.

Fabula Gratiae:

Gratia putabat historiam suam necessitudinum fractarum se inutilem reddere. Sed Deus dolorem eius in ministerium sanationis pro aliis convertit.

Perspicacia Devotionis:

Saepe reiectio nos paenitentia vexat. Sed Deus nihil

perdit — ne errores quidem nostros. Historias nostras redimit, restituit, et rescribit.

Nihil est ultra gratiam Eius.

Quaestiones ad meditationem pertinentes:

1. Quae errata praeterita te adhuc pudorem afferunt?
2. Quomodo Deus has ipsas experientias ad gloriam suam uti vellet?

Declaratio Precationis:

Domine, gratias tibi ago quod nihil me a tuo amore impedit. Praeteritum meum redime. Historiam meam in bonum adhibe et ex fragilitate mea pulchritudinem crea. Amen.

Admonitio Diarii:

De uno paenitentia ex praeterito tuo cogita. Deum roga ut tibi ostendat quomodo id redimat.

Notae:

DIES XXIII: Pacem Interiorem Accipiendo

Scriptura (NLT):

"Relinquo vobis donum: pacem mentis et cordis. Et pacem quam ego do, donum est quod mundus non potest dare..." – Ioannes 14:27

Fabula Michaelis:

Michael anxietate et dubitatione vexabatur. Sed in praesentia Dei, quietem quandam invenit quae eum firmavit.

Fabula Gratiae:

Gratia solebat occupata manere ne silentium esset. Sed cum tandem moram fecit, pax eam invenit.

Perspicacia Devotionis:

Reiectio perturbationem interiorem creat—sed Iesus pacem interiorem dat. Pax non est absentia conflictus—est praesentia Christi.

Tutus es in Eo.

Quaestiones ad meditationem pertinentes:

1. Quid pacem tuam saepissime furatur?
2. Quid facere potes ut spatium crees ad pacem Dei quotidie accipiendam?

Declaratio Precationis:

Iesu, esto pax mea. Silentem omnem tempestatem intra me fac. Tranquillitas tua fiat atmosphaera mea. Pacem, quam solus Tu dare potes, accipio. Amen.

Admonitio Diarii:

Describe momentum hac hebdomade quo pacem sensisti. Quid ad id momentum contulit?

Notae:

DIES XXIV: Communitatem Adiutricem Colere

Scriptura (AMP):

"Melius est duos esse quam unum... Nam si unus ceciderit, altero eripiet alterum." – Ecclesiastes 4:9–10a

Fabula Michaelis:

Michael solus sanare conatus est, sed in statum stagnavit. Cum coetui virorum se iunxisset, in communi certamine robur invenit.

Fabula Gratiae:

Gratia difficultates fiduciae habebat. Sed paulatim se aperuit coetui mulierum quae ei auxilium salutis factae sunt.

Perspicacia Devotionis:

Reiectio te segregat, sed restitutio in communitate fit. Non ad vitam solam agendam creatus es.

Nexus tuti et adiuvantes pars consilii Dei pro te sanandi sunt.

Quaestiones ad meditationem pertinentes:

1. Habesne homines qui te spiritualiter et animo evehunt?
2. Quibus gradibus nexus pii construendis uti potes?

Declaratio Precationis:

Domine, duc me ad homines rectos. Adiuva me invenire et nutrire communitatem quae cor tuum reflectat. Sana metum meum propinquitatis. Amen.

Admonitio Diarii:

Enumera eos qui iter tuum sanationis adiuvant. Scribe quid de eis gratias habeas—vel precem pro futuris nexibus scribe.

Notae:

DIES XXV: Bellum Pudori Indicans

Scriptura (NLT):

"Nulla ergo condemnatio est nunc iis qui sunt in Christo Iesu." – Romani 8:1

Fabula Michaelis:

Praeteritum Michaelis eum vexabat, donec quodam die clamavit, *"Non sum qui eram—sum qui Ille me esse dicit!"*. Pudor vitam eius illo momento interrumpit.

Fabula Gratiae:

Gratia pudorem velut secundam pellem gerebat — donec ante speculum stetit et dixit, *"Ignosco mihi ipsa."* Primum se liberam sensit.

Perspicacia Devotionis:

Pudor dicit, *"Indignus es."* Sed Iesus dicit, *"Ignoscitur tibi, amatur tibi, et reficitur tibi."*

Non iam in pudore vivere debes. Crux ultimum verbum habet.

Quaestiones ad meditationem pertinentes:

1. Quae vitae tuae partes adhuc pudore premintur?
2. Quam veritatem de vobis Romani 8:1 declarat?

Declaratio Precationis:

Iesu, pudorem repudio. Veniam et gratiam tuam accipio. Non sum damnatus—sum mundus, electus, et completus in Te. Amen.

Admonitio Diarii:

Scribe epistolam ad te ipsum praeteritum—plenam amoris, gratiae, et affirmationis.

Notae:

DIES XXVI: Veram Identitatem Tuam Amplectendo

Scriptura (AMP):

"Vos autem genus electum, regale sacerdotium, gens sancta, populus acquisitionis…" – 1 Petrus 2:9

Fabula Michaelis:

Michael multas appellationes gesserat — cladem, frustrationem, errorem. Sed in Christo, se regalem esse, non rudera, invenit.

Fabula Gratiae:

Gratia sub notis ab aliis impositis vixit. Sed cum identitatem suam filiae Dei amplexa est, vultus eius mutatus est.

Perspicacia Devotionis:

Reiectio nos nominare conatur—sed Deus iam fecit. Nos *electos, amatos, integros, suos vocat.* Non es praeteritum tuum. Non es quod dixerunt.

Tu es qui *te* esse dicit.

Quaestiones ad meditationem pertinentes:

1. Quas appellationes negativas de te ipso accepisti?
2. Quid Deus de identitate tua dicit?

Declaratio Precationis:

Pater, omnem falsam identitatem repudio. Accipio quem me esse dicis — amatum, electum, et pretiosum. Mea identitas in Te radicata sit. Amen.

Admonitio Diarii:

Declarationem scribe de eo qui sis in Christo. Eam singulis mane clara voce profer.

Notae:

DIES XXVII: Ambulatio in Ignoscendis

Scriptura (NLT):

"Concessum estote alterutrum delictorum vestrorum... Mementote, quoniam Dominus donavit vobis, ita et vos donate hominibus." – Colossenses 3:13

Fabula Michaelis:

Michael amaritudinem erga patrem suum retinuit. Sed cum eum veniam remisit, sanatio in vita sua accelerata est.

Fabula Gratiae:

Gratia epistolam matri scripsit, quae numquam eam affirmavit. Quamquam eam numquam misit, venia tamen cor eius inundavit.

Perspicacia Devotionis:

Ignoscere non est ignoscere dolorem—est libertatem prae servitute eligere. Non potes in restauratione ambulare dum vincula amaritudinis portas.

Ignoscentia *tibi est* .

Quaestiones ad meditationem pertinentes:

1. Cui adhuc ignoscere debes—vere?
2. Quid te impedit quominus id dimittas?

Declaratio Precationis:

Domine, ignoscere eligo. Vulnus et personam dimitto. Vulnera mea sana dum tibi pareo. Da mihi gratiam ut in libertate ambulem. Amen.

Admonitio Diarii:

Scribe precem veniae alicui qui te graviter laesit.

Notae:

DIES XXVIII: Propositum cum Audacia Persequendo

Scriptura (NLT):

"Dei enim sumus opera sua, qui recrevit nos in Christo Iesu, ut operemur bona, quae in nobis destinavit..." – Ephesios 2:10

Fabula Michaelis:

Michael numquam putavit Deum se uti posse. Sed nunc, iuvenes e domibus fractis erudit—sicut olim erat.

Fabula Gratiae:

Gratia coetum auxilii mulieribus contra incertitudinem pugnantibus instituit. Dolor eius suggestum ei factus est.

Perspicacia Devotionis:

Deus non solum nos *pro nobis sanat* . Nos sanat ut

alios sanare possimus. Tua restauratio cum restauratione alterius coniuncta est.

Ad vim *unctus es.*

Quaestiones ad meditationem pertinentes:

1. Quaenam passio ex dolore tuo emersit?
2. Quomodo fabula tua aliis servire incipere potes?

Declaratio Precationis:

Pater, iter meum ad gloriam tuam adhibe. Monstra mihi cui servire debeam et quomodo. Vita mea proposito fulgeat. Amen.

Admonitio Diarii:

Enumera tres modos quibus praeteritum tuum aliis hodie prodesse potest. Quid hac septimana facies ut secundum unum agas?

Notae:

DIES XXIX: Integerrime Vivendo

Scriptura (AMP):

"Custodes eum et servabis pacem perfectam et perpetuam..." – Isaiae 26:3

Fabula Michaelis:

Michael olim pavorem sentiebat cum reiectus esset. Nunc, reiectio ab eo defluit—identitas eius nimis firma est ut amoveri non possit.

Fabula Gratiae:

Gratia iam non a derelictione incitatur. Scit se in Deo securam esse, et pacem furari non posse.

Perspicacia Devotionis:

Integritas non est perfectio. Pax est in tempestate. Cum in Christo radicati estis, repudiata fortasse pulsabunt—sed non eradicabunt vos.

Integer es. Incommotus es.

Quaestiones ad meditationem pertinentes:

1. Quae una res te olim perturbabat, sed iam non perturbat?
2. Quod est ancora tua cum vita instabilis fit?

Declaratio Precationis:

Domine, integritatem tuam accipio. Pax tua cor et mentem meam custodiat. Fac me inconcussum in te. Amen.

Admonitio Diarii:

Scribe de te mutatum esse ab primo die huius itineris.

Notae:

DIES XXX: Mandatum ad alios sanandos

Scriptura (NLT):

"Qui consolatur nos in omni tribulatione nostra, ut et nos quoque alios exhortemur..." – 2 Corinthios 1:4

Fabula Michaelis:

Michael numquam ducem fore cogitavit. Nunc autem iter facit narrando quomodo Deus corda qualia eius sunt sanat.

Fabula Gratiae:

Gratia recessus mulieribus a traumate convalescentibus praeest. Cicatrices eius sacra vocatio eius factae sunt.

Perspicacia Devotionis:

Hoc non est finis—initium est. Iter tuum restaurationis nunc est *ministerium tuum* . Vocatus , instructus , et *missus es* .

Vas curationis es.

Quaestiones ad meditationem pertinentes:

1. Quis fabulam tuam nunc audire debet?
2. Quid facies cum curatione quam accepisti?

Declaratio Precationis:

Pater, gratias tibi ago quod me restituisti. Vocationem tuam accipio. Fac me lucem et vas spei aliis qui adhuc in tenebris versantur. Amen.

Admonitio Diarii:

Scribe "litteras missionis" a Deo. Quid te hinc facere vocat?

Notae:

Conclusio: A Restauratione ad Propositum

Longam viam progressus es. Triginta diebus abhinc, hoc iter incepisti pondus repudii portans — vulneribus quibusdam recentibus, aliis alte sub annis silentii sepultis. Sed die post diem, veritate post veritatem, dolorem superasti, cor tuum aperuisti, et Deum invitasti ut quod fractum erat sanaret.

redemptione notaberis .

Amamini — non propter opera vestra, sed propter id quod estis in Christo.
Electi estis — a Deo **manu** propria in hoc tempore **selecti** . **Integri** estis — ab intus restaurati, non iam captivi praeteritorum vestrorum.

Sed hic non est finis— **hoc est novum tuum initium.**

Dum in novam vitae tuae aetatem ingredieris, utinam renovata fiducia, claritate spirituali, et pace inconcussa ambules. Fiant cicatrices tuae testimonium tuum. Sis dolor tuus propositum tuum incitet. Sine ut idem Deus qui te sanavit te nunc ut instrumentum sanationis pro aliis utatur.

Sanatus es ut medicus fias.

Perge in Verbo. Mane in communitate. Inclina te vocationi tuae. Sunt adhuc vitae exspectantes trans oboedientiam tuam. Gustasti restaurationem — nunc vive in ea, cresce in ea, et eam cum mundo communica.

A reiectione ad restitutionem. A fractura ad integrum. A superviventia ad florendum. Haec est fabula tua nunc.

Totis cordibus nostris,
Zacharias Godseagle ; Legatus Monday O. Ogbe et Comfort Ladi Ministeria Aquilae Dei
Ogbe – GEMs
www.otakada.org

Amati, Electi et Integri: Iter Triginta Dierum a Reiectione ad Restaurationem

QUOMODO RENASCI SIT A BILLY GRAHAM

Quomodo Renasci

A Gulielmo Graham

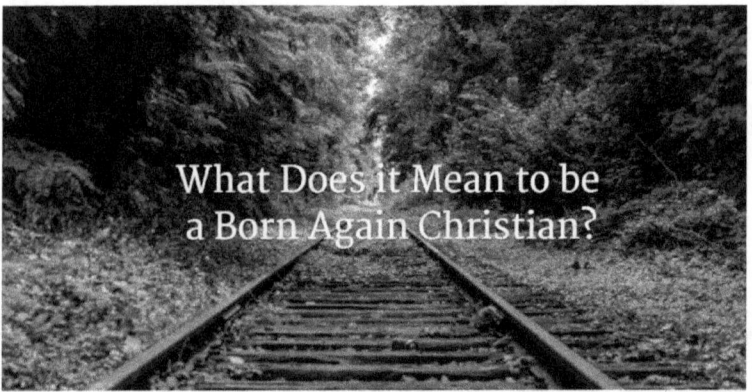

Vir quidam nomine Nicodemus noctu ad Iesum venit. Fortasse reprehensionem timebat, fortasse colloquium privatum cupiebat, fortasse plura scire cupiebat antequam se Iesu Christo committeret. Quomodocumque, venit et Iesum interrogavit.

Iesus eum aspexit et dixit, "Nicodeme, tibi necesse est nasci denuo" (Cfr. Ioannem 3:5). Re vera, dixit, "Amen, amen" – et quotiescumque Iesus hanc locutionem utebatur, significabat magni momenti esse quod sequeretur. Dixit, "Amen, amen dico vobis… necesse est vos nasci denuo" (Ioannes 3:5,7).

Renatusne es? **Voca id conversionem, voca id dedicationem, voca id poenitentiam**, voca id salutem, sed acciditne tibi? Habitatne Christus in corde tuo? Scisne? Multi homines diu de religione et Christianitate cogitaverunt, tamen numquam obligationem contraxerunt. Devotusne es Iesu Christo?

Nicodemus obstupuisse debuit cum Iesus dixit, "Oportet vos nasci denuo." Non mirum videretur si Christus Zacchaeo publicano aut latroni in cruce aut mulieri in adulterio deprehensae haec dixisset. Sed Nicodemus unus ex magnis ducibus religiosis sui temporis erat. Nihilominus, realitatem quaerebat.

Ad ecclesiam fortasse is, sed fortasse adhuc quaeris. Est locus vacuus in corde tuo, et aliquid intus tibi dicit te non vere recte esse cum Deo. Nicodemus bis in hebdomada ieiunabat. Duas horas quotidie in oratione impengebat. Decimas dabat. Cur Iesus dixit Nicodemum denuo nasci debere? Quia cor Nicodemi legere poterat. Iesus vidit Nicodemum se religione texisse sed nondum societatem cum Deo invenisse.

Radix Problematum Nostrorum

Quae sunt causae omnium malorum nostrorum in mundo — mendacii et fraudis et odii et praejudicii et inaequalitatis socialis et belli? Iesus dixit: "Quae autem procedunt de ore de corde exeunt, et ea coinquinant hominem" (Matthaeus 15:18). Dixit problema in cordibus nostris esse; corda nostra mutanda sunt.

Psychologi, sociologi, et psychiatri omnes agnoscunt aliquid vitii inesse generi humano. Multa verba in Scripturis id describunt. Inter ea est vocabulum "**transgressio** ": "Peccatum est transgressio legis" (1 Ioannes 3:4). Qua lege? Lex Moysis, Decem Mandata. Numquamne unum ex his mandatis violasti? Tum reus es quod omnia violasti (Iacobus 2:10).

Verbum "peccatum" secum fert notionem aberrandi scopum, defectionis officii nostri, defectionis in faciendo quod facere debemus. Biblia dicit, "Omnis iniquitas peccatum est" (1 Ioannis 5:17). Attamen antequam ad caelum pervenire possumus, iustitiam habere debemus. Deus dicit, "Estote perfecti sicut ego perfectus sum, et sancti sicut ego sanctus sum" (Matthaeus 5:48, 1 Petri 1:16).

Ubi illam perfectionem adipiscemur? Nunc eam non habemus, tamen ad caelum pervenire non possumus nisi eam habeamus. Ideo Christus in cruce mortuus est; sanguinem suum effudit et resurrexit ut nobis iustitiam praeberet.

Aliud verbum est **"iniquitas"** , quod significat deflectere a recta via. Isaias dixit: "Omnes nos quasi oves erravimus; unusquisque in viam suam declinavit; et posuit Dominus in eo iniquitatem omnium nostrum" (Esaiae 53:6).

Biblia dicit, "Propterea sicut per unum hominem peccatum in mundum intravit, et per peccatum mors ... ita in omnes homines mors pervenit, in quo omnes peccaverunt" (Romani 5:12). Omnis homo mutationem radicalem requirit. Peccata nostra remittere debemus; iustitia Dei indui debemus. Ut in hac vita impleamur, aliquid invenire debemus cui nos committamus. Esne homo devotus? Cui devotus es? Cur non Christum causam tuam facis et eum sequeris? Numquam te deseret.

Nova Nativitas

Quidam quaestionem ponunt: Quid est nova nativitas? Nicodemus quoque eandem quaestionem posuit: "Quomodo potest homo nasci cum senex sit?" Volebat intellegere.

In fundo lacticinio natus et educatus sum. Quomodo vacca nigra herbam viridem edere et lac album butyrumque flavum producere potest? Hoc non intellego. Fortasse dicam, "Quia non intellego, numquam iterum lac bibam." Et tu dicas, "Insanis."

Non intellego, sed fide accipio. Nicodemus tantum physica et materialia videre poterat, Iesus autem de spiritualibus loquebatur.

Quomodo nova nativitas perficitur? Novam nativitatem hereditare non possumus. Biblia dicit eos qui renati sunt "non ex sanguine, neque ex voluntate carnis, neque ex voluntate viri, sed ex Deo natos esse" (Ioannes 1:13). Patres et matres nostri fortasse sunt maximi Christiani renati in mundo, sed hoc nos quoque Christianos renatos non facit. Multi homines opinionem habent se, quia in domum Christianam nati sunt, necessario Christianos esse. Non sunt.

Neque ad Deum pervenire possumus. Biblia dicit salutem venire "non ex operibus iustitiae quae fecimus nos, sed secundum suam misericordiam salvos nos fecit per lavacrum regenerationis et renovationis Spiritus Sancti" (Tit. 3:5).

Nec reformatio sufficit. Dicere possumus, "Paginam novam vertam," aut "Proposita novi anni faciam." Sed Esaias dixit in conspectu Dei "omnes iustitiae nostrae sicut pannus sordidus esse" (Esaiae 64:6).

Quidam nostrum extrinsecus mutati sumus ut certis normis socialibus vel moribus, quae in ecclesiis nostris exspectantur, conformaremur, sed intus numquam mutati sumus. De hoc Iesus Nicodemo loquebatur. Dixit, "Nicodeme, intus mutationem tibi opus est," et solus Spiritus Sanctus hoc facere potest. Nasci desuper actus supernaturalis Dei est. Spiritus Sanctus nos de peccato nostro convincit; nos perturbat quia contra Deum peccavimus. Deinde Spiritus Sanctus nos regenerat. Tum renascimur. Spiritus Sanctus venit ut in cordibus nostris habitet ut nos in vita quotidiana adiuvet. Spiritus Dei nobis fiduciam dat, nobis gaudium dat, fructus in vita producit et nos Scripturas docet.

Quidam Christum imitari conantur. Putant nos nihil aliud facere debere quam Iesum sequi et ea quae ille fecit facere, et in caelum perventuros esse. Sed id facere non possumus. Carmina religiosa fortasse novimus. Fortasse etiam preces dicimus. Sed si ad pedem crucis non fuimus, non renati sumus. Hoc est nuntium quod Iesus nos docere conatur.

Renasci significat "daturum vobis cor novum et spiritum novum ponet in vobis" (Ezechiel 36:26). "Vetera transierunt; ecce omnia facta sunt nova" (2 Corinthios 5:17). Sumus "participes naturae divinae" (2 Petr 1:4); "transivimus de morte in vitam" (Ioannes

5:24). Nova nativitas mutationem in philosophia nostra et modo vivendi affert.

Mysterium

Mysterium novae nativitatis inest. Iesus dixit, "Ventus ubi vult spirat, et vocem eius audis, sed nescis unde veniat et quo vadat" (Ioannes 3:8). Sed exitum videre potes. Iesus non conatus est novam nativitatem Nicodemo explicare; mentes nostrae finitae infinitum intellegere non possunt. Per simplicem fidem puerilem venimus, et fidem nostram in Iesum Christum ponimus. Cum id facimus, renascimur.

Certusne es de salute tua?

Hoc modo fit. Primum Verbum Dei audire debemus. "Fides ex auditu, auditus autem per verbum Dei" (Romani 10:17). Hoc est primum gradum. " Placuit Deo per stultitiam praedicationis salvare credentes" (1 Corinthios 1:21). Stultum videtur verba ex Biblia vim habere corda nostra penetrandi et vitas nostras mutandi, sed habent, quia sancta verba Dei sunt.

Deinde est opus Spiritus Sancti. Argumentum adducit: "Et cum venerit ille, arguet mundum de peccato, et de iustitia, et de iudicio" (Ioannes 16:8). Nos mutat. Mutat voluntates nostras, affectiones nostras, proposita vivendi, indolem nostram. Novum propositum et novas metas nobis dat. "Vetera transibunt, et omnia nova fiunt" (Cfr. 2 Corinthios 5:17). Deinde in nobis habitat: "Nescitis quia templum Dei estis et quia Spiritus Dei habitat in vobis?" Num Deus Spiritus Sanctus in vobis habitat?

Iesus Christus dicit nos denuo nasci debere. Quomodo denuo nascimur? Paenitentia peccati. Hoc significat nos paratos esse ad vitam nostram mutandam. Deo dicimus, "Peccator sum, et paenitet me." Simplex est et puerilis. Deinde fide Iesum Christum ut Dominum, Magistrum, et Servatorem nostrum accipimus. Parati sumus Eum sequi in nova vita oboedientiae, in qua Spiritus Sanctus nos adiuvat dum Bibliam legimus, oramus et testimonium perhibemus.

Si dubium in animo tuo est utrum renatus sis necne, spero te id nunc soluturum esse, quia Biblia dicit in 2 Corinthios 6:2, "Nunc tempus acceptum... hodie dies salutis."

"Peccator sum, et me paenitet."

Anxiusne es de futuro? Luctarisne cum quaestione personali vel spirituali quae anxietatem, incertitudinem vel metum de crastino pariat? Percurre multa argumenta et quaestiones et iter tuum ad vitam tranquilliorem iam nunc incipe.

Responsa quaeris?

Num Deus cor tuum trahit? Paratusne es ad pacem veram et perpetuam quae solum per necessitudinem cum uno vero Deo venit? Gradum ad Eum hodie fac.

cum Deo habere potes

Quid est pax?
Tot homines unam rem magis quam ullam aliam

appetunt — pacem. Causa cur eam quaerunt est quia nulla perpetua consolatio aut libertas in eorum vita est. Quasi semper inquieti sint. Biblia pacem praecipue tribus modis definit.

Pax psychologica, solacium interius.
Pax relationum, harmonia inter homines.
Pax spiritualis, quae est inter Deum et hominem.

Biblia describit quomodo peccatum omnia tria genera pacis laedat vel deleat. Cum Deus hominem creavit, pacem habebat cum Deo, se ipso, et omnibus aliis. Attamen, pax illa amissa est cum contra Deum se convertit. Pax restitui potest, sed soli id facere non possumus. Deus viam praebuit.

Iesus Christus, Filius Dei unicus, in mundum nostrum missus est ut peccata nostra tolleret. Hoc fecit se crucifigi permittendo, et hoc sacrificium nobis pacem iterum habere licuit—pacem intra nos ipsos, pacem inter nos et pacem cum Deo.

Postquam Iesus in cruce mortuus est, revixit. Hoc demonstravit Iesum Deum esse, sed etiam clare fecit eum velle ut omnes pacem perfectam habeant. "Ipse enim est pax vestra, ... et venit et praedicavit pacem vobis qui longe eratis et pacem iis qui prope" (Ephesios 2:14-17).

Iesus unumquemque nostrum roborat ut omne genus peccati superemus. Quantumvis difficilis tua condicio videatur, Christus eam perrumpere potest. Sed primum peccatum tuum agnoscere et Iesu te committere debes, tum pacem perfectam habere et eius significationem cognoscere poteris.

Iesus dixit, "Haec omnia locutus sum vobis ut pacem habeatis in me" (Ioannes 16:33). Ut pacem habeas, necesse est te scire Eum qui eam dare potest.

Paratusne es ad pacem quam Iesus offert?

Contributiones progredientes ad ulteriorem claritatem et ad novam vitam in Iesu Christo incipiendam infra:

INCIPITE VITAM NOVAM CUM CHRISTO

Pacem veram et perpetuam hodie per necessitudinem cum Iesu Christo habere potes. Iter quattuor graduum nunc incipe!

Gradus 1 – Propositum Dei: Pax et Vita

Deus te amat et vult te pacem et vitam aeternam — copiosam et aeternam — experiri.
Biblia dicit:

"Pacem habemus ad Deum per Dominum nostrum Iesum Christum."
Romani 5:1

"Sic enim Deus dilexit mundum, ut Filium suum unigenitum daret, ut omnis qui credit in eum non pereat, sed habeat vitam aeternam."
Ioannes 3:16

"Ego [Iesus] veni ut vitam habeant et abundanter habeant."
Ioannes 10:10

Cur plerique homines hanc pacem et vitam abundantem, quam Deus nobis habere destinavit, non habent?

Gradus 2 – Problema: Peccatum Nos Separat

Deus nos ad imaginem suam creavit ut vitam abundantem haberemus. Non nos quasi automatas creavit ut eum sponte amemus et oboediamus. Deus nobis voluntatem et libertatem eligendi dedit. Deo non obedire et viam nostram sponte sequi eligimus. Hanc electionem etiam hodie facimus. Hoc ad separationem a Deo ducit.
Biblia dicit:

"Omnes enim peccaverunt et egent gloria Dei."
Romani 3:23

"Stipendium enim peccati mors, donum autem Dei vita aeterna in Christo Iesu Domino nostro."
Romani 6:23

Nostra electio separationem a Deo efficit.
Homines multis modis conati sunt hanc inter se et Deum pontem facere...
Biblia dicit:

"Est via quae homini recta videtur, finis autem eius iter est ad mortem."
Proverbia 14:12

"Sed iniquitates vestrae diviserunt inter vos et Deum vestrum, et peccata vestra absconderunt faciem eius a vobis, ne exaudiat."
Isaiae 59:2

Nullus pons Deum attingit... praeter unum.

Gradus III – Remedium Dei: Crux

Iesus Christus in cruce mortuus est et e sepulcro resurrexit. Poenam pro peccatis nostris persolvit et pontem inter Deum et homines iecit.
Biblia dicit:

"Unus enim Deus est, unus et mediator Dei et hominum, homo Christus Iesus."
1 Timotheo 2:5

"Nam et Christus semel pro peccatis passus est, iustus pro iniustis, ut nos offerret Deo."
1 Petrus 3:18

"Ostendit autem Deus caritatem suam erga nos in hoc: cum adhuc peccatores essemus, Christus pro nobis mortuus est."
Romani 5:8

Deus unicam viam providit... Unusquisque electionem facere debet...

Gradus IV – Responsum Nostrum: Christum Accipite

Iesu Christo ut Domino et Salvatori confidere debemus et eum invitatione personali recipere. Biblia dicit:

"Ecce sto ad ostium et pulso. Si quis audierit vocem meam et aperuerit ostium, intrabo ad illum et cenabo cum illo, et ille mecum."
Apocalypsis 3:20

"Omnibus autem qui receperunt eum, dedit potestatem filios Dei fieri, his qui credunt in nomine eius."
Ioannes 1:12

"Si confitearis ore tuo Dominum Iesum et in corde tuo credideris Deum illum suscitavit a mortuis, salvus eris."
Romani 10:9

Iesum Christum nunc statim accipiesne?

Hic est modus quo Christum recipere potes:

Confitere necessitatem tuam. (Peccator sum.)

Paratus esto a peccatis tuis conversus esse (paenitentiam agere) et veniam Dei petere. Crede Iesum Christum pro te in cruce mortuum esse et e sepulcro resurrexisse. Per orationem, Iesum Christum invita ut veniat et vitam tuam per Spiritum Sanctum regat. (Accipe Iesum ut Dominum et Salvatorem) Orationem similem huic suggerimus:

"Deus care, scio me peccatorem esse. A peccatis meis me converti volo et veniam tuam peto. Credo Iesum Christum Filium tuum esse. Credo eum pro peccatis meis mortuum esse et te eum ad vitam suscitasse. Volo eum in cor meum venire et vitam meam regere. Volo Iesu ut Salvatori meo confidere et eum ut Domino meo ab hoc die deinceps sequi. In nomine Iesu, amen."

Orastine ut Iesum Christum acciperes et cum eo necessitudinem iniires?

Ita, precatus sum

Non, sed quaestiones habeo.

Ad proximum progredi ut clarius appareat.

Historia Salutis – Precatio Salutis – Precatio Salutis – Prima Nostra Vera Colloquia cum Deo

"Precatio salutis" est precatio gravissima quam umquam orabimus. Cum parati sumus Christiani fieri, parati sumus primum verum colloquium cum Deo habere, et hae sunt eius partes:

- Agnoscimus Iesum Christum Deum esse; eum in terram venisse ut hominem ut vitam sine

peccato, quam nos vivere non possumus, viveret; eum pro nobis mortuum esse, ut poenam quam meremur non solvere debeamus.
- Vitam peccati praeteritam confitemur — nobis ipsis viventes et Deo non oboedientes.
- Fatemur nos paratos esse Iesu Christo ut Salvatori nostro et Domino confidere.
- Iesum rogamus ut in corda nostra veniat, ibi habitationem faciat, et per nos vivere incipiat.

Precatio Salutis – Incipit cum Fide in Deum

Cum precem salutis facimus, Deo significamus nos Verbum eius verum esse credere. Fide quam nobis dedit, in eum credere eligimus. Biblia nobis dicit " *sine fide impossibile esse placere Deo. Credere enim oportet accedentem ad Deum quia est, et quia quaerunt se remunerator est* " (Hebraeos 11:6).

Itaque, cum oramus, Deum donum salutis implorantes, liberum arbitrium nostrum exercemus ut in Eum credere confitemur. Haec fidei demonstratio Deum placet, quia Eum libere cognoscere elegimus.

Precatio Salutis – Confessio Peccati Nostri

Cum precem salutis agimus, confitemur nos peccasse. Ut Biblia de omnibus dicit, praeter

Christum solum: " *Omnes enim peccaverunt et egent gloria Dei* " (Romani 3:23).

Peccare simpliciter est a scopo deficere, sicut sagitta quae non plane scopum attingit. Gloria Dei quam deficimus in solo Iesu Christo invenitur: " *Nam Deus, qui dixit de tenebris lucem splendescere, ipse illuxit in cordibus nostris ad illuminationem scientiae gloriae Dei in facie Iesu Christi* " (2 Corinthios 4:6).

Oratio igitur salutis agnoscit Iesum Christum solum hominem esse qui umquam sine peccato vixerit. " *Eum, qui non noverat peccatum, pro nobis peccatum fecit, ut nos efficeremur iustitia Dei in ipso* " (2 Corinthios 5:21).

Oratio Salutis – Confitendo Fidem in Christum ut Servatorem et Dominum

Christo ut exemplar perfectionis nostrae, nunc fidem in Eum ut Deum agnoscimus, cum Apostolo Ioanne consentientes: " *In principio erat Verbum (Christus), et Verbum erat apud Deum, et Deus erat Verbum. Hoc erat in principio apud Deum. Omnia per ipsum facta sunt, et sine ipso factum est nihil, quod factum est* " (Ioannes 1:1-3).

Quia Deus solum sacrificium perfectum et sine peccato accipere poterat, et quia sciebat nos id efficere non posse, Filium suum misit ut pro nobis moreretur et pretium aeternum solveret. " *Sic enim*

Deus dilexit mundum, ut Filium suum unigenitum daret, ut omnis qui credit in eum non pereat, sed habeat vitam aeternam ." (Ioannes 3:16)

Precatio Salutis – Dic et Sententiam Habe Nunc!

Omnibus quae hactenus legisti consentisne? Si ita est, ne diutius momentum exspectes ut novam vitam in Iesu Christo incipias. Memento, hanc precationem non esse formulam magicam. Simpliciter cor tuum Deo exprimis. Hoc nobiscum ora:

"Pater, scio me leges tuas violasse et peccata mea me a te separavisse. Vere doleo, et nunc a vita mea peccatrice praeterita ad te converti volo. Quaeso, ignosce mihi, et adiuva me ne iterum peccem. Credo Filium tuum, Iesum Christum, pro peccatis meis mortuum esse, a mortuis resurrectum esse, vivere, et preces meas audire. Iesum invito ut Dominus vitae meae fiat, ut in corde meo ab hoc die in futurum regnet. Quaeso, mitte Spiritum Sanctum tuum ut me adiuvet ut tibi oboedam, et ut voluntatem tuam per reliquam vitam meam faciam. In nomine Iesu precor. Amen."

Precatio Salutis – Precatus sum; Quid nunc?

Si hanc precem salutis vera convictione et corde precatus es, nunc sectator Iesu es. Hoc verum est, sive aliter sentias sive non. Systema religiosa te ad credendum induxerunt te aliquid sentire debere – calidum ardorem, formicationem, vel aliam mysticam experientiam. Re vera, potes, potes non. Si precem salutis precatus es et ex animo, nunc sectator Iesu es. Biblia nobis dicit salutem tuam aeternam esse tutam! " *Si confitearis ore tuo Dominum Iesum et in corde tuo credideris Deum illum suscitasse a mortuis, salvus eris* " (Romani 10:9).

Salve in familiam Dei! Te nunc hortamur ut ecclesiam localem invenias ubi baptizari et in cognitione Dei per Verbum Eius, Bibliam, crescere possis.

Visitare etiam potes locum nostrum apud www.otakada.org qui te adiuvabit ut in Christo progrediaris et crescas.

Hoc vinculo in studio biblico inventionis utendo, Iesum ipse invenias: https://www.otakada.org/dbs-dmm/

Iter Discipulatus XL dierum

Aut iter quadraginta dierum tuo passu in interrete per hunc nexum incipere potes: https://www.otakada.org/get-free-40-days-online-discipleship-course-in-a-journey-with-jesus/

Si consilio eges, litteras electronicas ad info@otakada.org mitte.

Dominus vitam vestram dilatet et vos gaudio, pace, amore et concordia, quae solus Ipse dare potest, impleat. Amen.

Quaestio tibi! (or) Quaestio tibi!

Informationes hodie communicatae, num tibi sensum habent? Si ita est, ulteriores perspicientias praebe. Quid deinceps aliter faceres? Promittas te statim incipere!

Si quaestiones subsequentes habes, libenter nobis rescribe, nobis telephona, vel nobiscum colloquere potes, cum confidimus Spiritum Dei responsa ultra velimissimam imaginationem tuam daturum esse. Adsumus ut te instruamus ad omnia quae Deus te vocavit esse et facere in nomine Iesu.

Salve! (or) Salve!

Zacharias Godseagle ; Legatus Monday O. Ogbe et Comfort Ladi Ogbe
Ministeria Aquilae Dei GEM
https://www.otakada.org
legatus@otakada.org

Alii Libri ab auctoribus editi

Zacharias Godsaguile

Prayer: The Mightiest Force in World : Mobilizing 10 million Intercessors for the NATIONS Kindle Edition
by Frank C. Laubach (Author), Zacharias Godseagle (Author)   Format: **Kindle Edition**
4.7 ★★★★½ 5 ratings   See all formats and editions

About the book - Prayer: The Mightiest Force in World - Mobilizing 10 million Intercessors for the NATIONS
Discover the transformative power of prayer in —*"Prayer: The Mightiest Force in the World - Mobilizing 10 million Intercessors for the NATIONS,"* a compelling Christian nonfiction work urging readers to mobilize a movement of 10 million intercessors. This book, authored by **Frank C. Laubach and Zacharias Godseagle** emphasizes that prayer is a mighty force capable of changing lives, nations, and the world at large.

It challenges individuals to pray boldly and consistently for leaders, communities, and personal breakthrough, highlighting historical examples and testimonials of prayer's impact. With action plans, reflection questions, and journaling sections for individuals

https://www.amazon.com/Prayer-Mightiest-Mobilizing-million-Intercessors-ebook/dp/B0DYJYVKHT

Legatus Lunae O. Ogbe

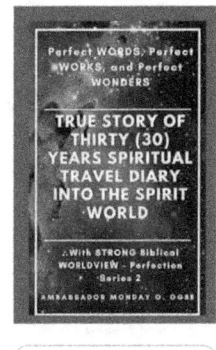

True Story of Thirty (30) Years SPIRITUAL TRAVEL Diary into the Spirit World: Perfect WORDS, Perfect WORKS, and Perfect WONDERS

Kindle Edition

by O Ogbe, Ambassador Monday (Author), Peter Tan (Author)   Format: **Kindle Edition**

See all formats and editions

Hello Friends, God is constantly calling His children to the place of perfection. In the garden of Eden, He told our first parent to eat everything except one of the trees. They broke the perfection clause and were driven out of the garden. He told Noah to prepare the ark according to specification and fill it up according to instruction. He told Abraham to walk before Him and be perfect. He told Moses to build the ark of the covenant according to as shown him on the mountain. The perfection clause continued till Jesus time where Jesus said, "I do nothing except what I see my Father doing and He is still calling us today to the place of perfection.

Read sample

https://www.amazon.com/Story-Thirty-SPIRITUAL-TRAVEL-Spirit-ebook/dp/B0C7YRVSWG

Index completus

https://www.amazon.com/s?k=Ambassador+Monday+O.+Ogbe&ref=nb_sb_noss

Pagina auctoris -
https://www.amazon.com/stores/Ambassador-Monday-O.-Ogbe/author/B07MSBPFNX

Comfort Ladi Ogbe ut Amanda Daniel

Safeguarding Innocence: A Guide to Protecting Children from Predators Kindle Edition

by Amanda Daniel (Author) Format: Kindle Edition

5.0 ★★★★★ 5 ratings

See all formats and editions

In a world where children's safety is a growing concern, Safeguarding Innocence serves as a crucial resource for parents and guardians. This comprehensive guide highlights the importance of awareness and proactive measures to protect children from various threats. It emphasizes open communication, education on safe boundaries, and online safety to equip kids with the tools they need to navigate potential dangers. The book also explores how to respond effectively to suspicious behaviors, the role of legislation, and the significance of community engagement. With sections dedicated to personal stories of resilience and strategies for fostering healthy relationships, this guide empowers caregivers to cultivate a safer environment. Combining practical advice with inspiring narratives, Safeguarding Innocence aims to create a united front against child predation, ensuring that both parents and children can thrive in a secure world.

https://www.amazon.com/Safeguarding-Innocence-Protecting-Children-Predators-ebook/dp/B0DJ5J31CW

https://www.amazon.com/s?k=Amanda+Daniel&crid=2ZF6MSTQ7W4Q0

www.ingramcontent.com/pod-product-compliance
Lightning Source LLC
Chambersburg PA
CBHW050341010526
44119CB00049B/649